FALTUNG 4

W0227187

Zu dieser Taschenbuchreihe

Mit der Reihe »Fahners literarische Thesen und neue Gedichte«, kurz »Faltung«, betreut der Fahner-Verlag eine junge Generation engagierter Autoren und stellt deren zeitgemäße Literatur in einem eigenen Programm vor.

Was sich sagen läßt – die »Thesen« der Autoren – ist in Prosa gefaßt, in eine Prosa, die sich sprechen läßt, die das Gespräch sucht und provoziert, meist kurz und bündig – thesenartig eben – in Shortstories und kleinen Erzählungen.

Was sich nicht ohne weiteres sagen läßt, sprechen die in dieser Reihe versammelten »neuen Gedichte« an. Dabei soll es sich in erster Linie um Erstveröffentlichungen handeln. Speziell für das lyrische Genre versteht sich die Taschenbuchreihe auch als Diskussionsforum.

Die in der »Faltung« vorgestellte Literatur ist – bei aller Lässigkeit und Humoristik – eine kritische Literatur. Insbesondere diesen Aspekt betonen die ausgewählten dramatischen und essayistischen Texte.

Verlag und Herausgeber verstehen sich als Förderer und Initiatoren junger Literatur. Dazu bieten sie den Autoren außer der »Faltung« sowohl die Möglichkeit zur Produktion von Tonträgern, als auch – mit dem Label »Jazz - Lyrik - Prosa« – die Chance öffentlicher Ent-Faltung.

Der Förderverein »Agentour« kann angesprochen werden über:
Heike Kraus, Otto Gessler Str. 12, 90409 Nürnberg, Fon/Fax: 0911 / 56 23 47
Michael Lösel, Ahlbecker Str. 11, 10437 Berlin, Fon: 030 / 446 507-72, Fax: -73
Fahner Verlag, Lauf

Der Autor und »Wedding«

Horst Evers wurde 1967 in Evershorst, bei Diepholz, geboren und kam 1987 nach Berlin. In den ersten zehn Jahren dort lebte er im Wedding, bis er 1997 nach Kreuzberg zog. Seit 1990 steht er regelmäßig auf Berliner Kleinkunstbühnen und trägt dort seine Texte vor. Zur Zeit ist er, unter anderem, jeden Sonntag um 13.00 Uhr in Dr. Seltsams Frühschoppen in der Kalkscheune und jeden Mittwoch um 21.00 Uhr im Mittwochsfazit im Schlot zu sehen.

Der Wedding. Unzählige Sagen, Legenden und Gerüchte ranken sich um diesen geheimnisvollen, gefürchteten, aber doch heiß verehrten Stadtteil im Norden Berlins. Fernab vom Hauptstadtgeschwätz provinzieller Lokalpolitiker haben die Bewohner dieses Bezirks ein Bollwerk errichtet, gegen den Absturz Berlins in die geleckte Beliebigkeit anderer Großstädte.

Horst Evers Texte spielen auf dem Leopoldplatz, in seiner Parterre-Wohnung, in Eckkneipen oder im Nachtbus und erzählen von wohlwollenden Weddingern, Käfern, gutorganisierten Alkoholikern oder Nachbarn, die sich noch für ihre Mitmenschen interessieren, oft mehr, als es den Mitmenschen lieb ist. Sein abstruser, hintergründiger Witz, die verblüffenden Wendungen und Entwicklungen in seinen Geschichten, sowie der oft eigenwillige Stil, seiner, für den Vortrag geschriebenen Texte, fügen sich zusammen zu einer kleinen Liebeserklärung an Berlins traditionellen Arbeiterbezirk.

Horst Evers

Wedding

37 Geschichten über die Perle unter Berlins Stadtteilen

Die Deutsche Bibliothek - CIP-Einheitsaufnahme

Evers, Horst:
Wedding:
37 Geschichten über die Perle unter Berlins Stadtteilen
/ Horst Evers. [Hrsg.: Michael Lösel].
- Lauf an der Pegnitz: Fahner, 1997
(Faltung ; 4)
ISBN 3-924158-33-9

8. Auflage, 2001

Redaktion, Satz, Bildbearbeitung, Gestaltung: Michael Lösel
Einbandgestaltung: Hartmut Kreß

© 1997 by Fahner Verlag, Lauf
Technische Herstellung: Fahner Druck, Lauf

Alle Rechte vorbehalten, auch das der fotomechanischen Wiedergabe

FAHNER VERLAG

Inhalt

Vorwort

Nach zehn glücklichen Jahren, von 1987 bis 1997, im Wedding, habe ich im Februar 1997 meine erste Heimat in Berlin verlassen und suche jetzt mein Glück in einem anderen Stadtteil Berlins. Die hier vorliegende Sammlung von Geschichten läßt die zehn Jahre noch einmal Revue passieren und soll einen Eindruck vom Bezirk, den Menschen und dem Leben dort vermitteln.

Während dieser ganzen Zeit habe ich im Wedding in einer recht dunklen Parterre-Wohnung gelebt, was auch richtig so war. Wenn man schon im Wedding lebt, sollte man auch Parterre wohnen, sonst ist es nicht richtig Wedding. Im zweiten oder dritten Stock kann man auch irgendwo in Westdeutschland leben oder eben jetzt in Kreuzberg, aber vom Wedding hat man nur richtig etwas, wenn das Bett so dicht als möglich an der Straße steht, Vorderhaus Parterre eben. Man wacht auf, öffnet das Fenster, und da ist gleich Wedding, so muß das sein.

Zwischen dem ältesten Text (Muller, 1991) und dem jüngsten (Urlaub im Wedding, 1997) liegen sechs Jahre. Die Textabfolge ist jedoch nicht chronologisch, sondern unterliegt einem eher inhaltlichen Ordungsprinzip.

Alle Texte sind für den Vortrag geschrieben und wurden für den Druck nur geringfügig bis gar nicht verändert.

Der erste Vortrag fast jeden Textes fand in den Veranstaltungen »Dr. Seltsams Frühschoppen« (Café Subversiv, Café Paz, heute Kalkscheune) und »Mittwochsfazit« (Schlot) statt. Daher ist jede Geschichte als eigenständig anzusehen. Es gibt also keine Gesamtdramaturgie im eigentlichen Sinne. Alle Texte zusammen sind jedoch eine kleine Liebeserklärung an die Perle unter den Berliner Stadtteilen, den Wedding.

Prolog

Urlaub im Wedding

Am Morgen weckte mich die durch den Innenhof dröhnende Stimme meiner Nachbarin Elfriede Langbein.

»Vor neun Uhr kein Altglas in den Altglascontainer legen, das ist verboten, Sie Verbrecher, Herr Schmidt.«

»Olle Schrappnelle,« grummelte es zurück.

»Oh, selber Schrappnelle, Herr Schmidt, wo kämen wir denn hin, wenn wir alle vor neun Uhr Altglas in den Altglascontainer legen würden, dann würden wir ja alle davon wach werden. Wir sind hier doch nicht bei den Hottentotten.«

Ich freue mich über den gelungenen Tageseinstieg, schalte den Fernseher aus, schnippe die bis in die Fingerkuppen abgebrannte Zigarette in den Aschenbecher und beginne den besonderen Tag, der Tag an dem ich in Urlaub fahre. Seit Wochen freu ich mich schon drauf. Alles ist vorbereitet. Frau Langbein hat einen Wohnungsschlüssel. Eine Blume hab ich auch besorgt, damit sie was zum Gießen hat. Sie wäre sonst enttäuscht.

Normalerweise hab ich keine Blumen in der Wohnung, und wenn doch mal, dann aber nie für lange. Niemand kann es mit mir aufnehmen, wenn es darum geht, jedwede Art von Pflanzen in möglichst kurzer Zeit eingehen zu lassen. Mein Rekord steht bei einem ehemals prächtigen Ficus Benjamini, den ich innerhalb von nur drei Tagen plattgemacht habe. Warum das so ist, weiß ich auch nicht.

Freunde sagen, mein Unglück mit den kleinen grünen Freudenspendern läge auch an meiner Pflege, genauer gesagt, meiner Pflegephilosophie. Ich finde ja, Blumen können gar nicht früh genug lernen, auf eigenen Füßen zu stehen, ihr eigenes Leben zu leben.

Vorsichtshalber habe ich schon vor Tagen eine Checkliste für den Abfahrtstag angelegt, um bloß nichts wichtiges zu vergessen. Schnell werfe ich noch einen Blick darauf: »Horst, denk dran, wenn Du raus gehst, Tür abschließen. Gute Reise.« Ah so, die Checkliste wäre ich damit auch durchgegangen.

Mein Urlaubsziel dieses Jahr ist das Eulereck in der Eulerstraße-Wedding. Ich habe meine Gründe, meinen Urlaub in Berlin zu verbringen. Seit zehn Jahren lebe ich hier, aber die wichtigsten Sehenswürdigkeiten, wie Fernsehturm, Funkturm, Pergamonmuseum oder Charlottenburger Schloß habe ich immer noch nicht besucht. Zuerst wollte ich deshalb in irgendeinem westdeutschen Kaff eine dreitägige Berlin-Tour buchen, mit allen Sehenswürdigkeiten, aber ich habe einfach keine gefunden, bei der das Eulereck auch dabei gewesen wäre. Also hab ich mich sehr touristisch angezogen, mit weißer Hose, Hawaii-hemd, Strohhut, Fotoapparat und Brustbeutel und mache jetzt Individualurlaub. Zum Urlaub ins Eulereck zu fahren ist schon sehr individuell.

Ordentlich Proviant habe ich mir auch mitgenommen, weil bis zum Eulereck sinds ja schon einige U-Bahn-Stationen. Insgesamt habe ich drei Raider dabei. Ich sage immer noch Raider. Raider heißt ja nur wegen Europa heute Twix. Blödsinn eigentlich. Das ist so, als würde man den Ku-Damm in Champs-Elysées umbenennen, damit die Franzosen den hier besser finden.

Als Tourist nimmt man die Stadt gleich ganz anders wahr, und man wird auch anders wahr genommen. Ich bin gerade mal zwei Minuten unterwegs, da ist auch schon mein Brustbeutel weg. In zehn Jahren als Normalberliner ist mir nie etwas geklaut worden, als Tourist nach zwei Minuten der Brustbeutel. Find ich fair. Gott sei Dank war im Brustbeutel nur ein Zettel mit der Aufschrift: »Ätsch, ich bin gar kein Tourist!« Mein Geld ist natürlich im Portemonnaie.

Am U-Bahnhof stelle ich mich erstmal vor den Fahrkartenautomaten und betrachte ihn. Als endlich fünf Leute hinter mir stehen, sage ich:

»Ich weiß nicht welche Zone, ich versteh das nicht.«

»Wo müssen se denn hin?«

»Eulerstraße.«

»Nee, welche U-Bahn-Station?«

»Hm. Wissen Sie das nich?«

»Nee, woher denn? Na denn nehm se mal am Besten ne Tageskarte. Da hammse genug Zeit an jeder Station mal auszusteigen und zu gucken.«

Da soll noch einer sagen, die Berliner seien unfreundlich.

In der U-Bahn verfolge ich mit dem Stadtplan die Strecke, die wir gerade fahren, und versuche durchs Fenster was zu erkennen.

Bald bin ich im Eulereck angekommen. Ich bestelle ein Bier und komme mit dem Wirt ins Gespräch.

»So das ist jetzt also das berühmte Euler-Eck?«

»Wat is dit hier?«

»Das berühmte Euler-Eck.«

»Sie sind wohl nich von hier?«

»Nein, ich bin, na sagen wir mal aus Fallingbostel.«

»Hertha, komm mal, hier is son Spinner, der sagt wir sind berühmt.«

»Nee Erwin, ick hab jetzte keene Zeit zum berühmt sein, ick will hier erste die Buletten fertichham.«

»Ah, die berühmten Euler-Eck-Buletten, die besten der Welt, wie man sagt.«

»Ach wat, dit sagt man.«

»Na klar, in Fallingbostel weiß das jedes Kind, da sind sie weltberühmt.«

»Hertha, nu komm doch mal, wir sind weltberühmt in Fallingbostel.«

»Nu erzähln Sie doch mal, was ist denn das Geheimnis ihrer Buletten, daß die so lecker sind.«

»Na dit weeß ick nich, dit macht doch die Hertha immer, Hertha, nu komm doch mal.«

»Is ja schon gut, ich versteh ja, wenn Sies nicht verraten wollen.«

»Hertha!«

So saßen wir noch viele Stunden glücklich beisammen, ich erzählte von Fallingbostel, welche Wunderdinge man sich dort übers Euler-Eck berichtet, und der Wirt hörte mir begeistert zu. Es war ein sehr schöner Urlaub, ein Urlaub von mir selbst, und für den Wirt war es vielleicht einer der schönsten Tage in seinem Leben.

Auf dem Heimweg jedoch dachte ich zurück. Zurück an neuneinhalb wunderbare Jahre, die ich im Wedding gelebt hatte. War schon ne wilde Zeit, damals.

1. Der Wedding

Auf dem Leopoldplatz (1)

Der Mann lächelte und entschuldigte sich freundlich bei mir, nachdem er mich leicht angerempelt hatte. Auch die Frau blinzelte mir äußerst nett zu. Ich wußte sofort, Berliner oder gar Weddinger sind das nicht. Vermutlich Touristen, die, wie es so häufig passiert, Berlin mit München verwechseln und so am Leopoldplatz landen. Ehe ich sie warnen konnte, sprachen sie mich an.

»Entschuldigen Sie, wo gehts denn hier zum Reichstag?«

Ich hätte ihnen wirklich gerne geholfen. Aber ich sah, wie mich die anderen Weddinger beobachteten. Sieben Jahre hier, hatte ich gebraucht, bis sie mich einigermaßen akzeptiert hatten. Eine verdammt lange und harte Zeit. Ich wußte, wenn ich jetzt, vor ihren Augen, eine freundliche Antwort geben würde, wäre alles für die Katz gewesen. Also riß ich mich zusammen, und sagte, wie es einem Weddinger gebührt:

»Zum Reichstag gehts hier nich.«

»Ich weiß, aber wo,...äh..., nein, ich mein, wie...«

»Sie wollen wahrscheinlich wissen, wie sie irgendwo hinkommen, von wo es dann zum Reichstag geht?«

»Ja… ja.«

»Hmmmm. Weiß ich nich.«

Man nickte mir zu. Ich hatte alles richtig gemacht. Und dennoch fühlte ich mich schlecht, natürlich kannte ich den Weg. Bittend schaute ich auf, und ein wohlwollender Weddinger nickte mir zu. Ich durfte, im verträglichen Rahmen, doch noch helfen, Gott sei dank.

»Da vorne issn Stadtplan, wennse damit umgehn können. Hehehe.«

Alles freute sich, ich hatte wieder einmal einen guten Kompromiß gefunden. Das Pärchen ging zum Stadtplan. Zehn bis zwölf Weddinger folgten ihnen und stellten sich im Halbkreis hinter den beiden auf. Der Mann setzte einen Finger auf den Stadtplan.

»Kaaaalt, Kaaaalt!!!«, brüllte es im Chor.

Er bewegte den Finger.

»Kälter!, Kälter! Huhuhuhuhuuuuu, der findet dit nie!!!, …hu, der findet dit nie…«

Schließlich erbarmte sich einer.

»Müssen Sie beruflich zum Reichstag?«

»Ja.«

»Gut, Sie steigen jetzt in die U9, zum Zoo, dann in die U2 zum Kaiserdamm, da müssen Sie raus und dann immer zu Fuß geradeaus, können Sie gar nicht verfehlen.«

Zu spät

Dienstagabend, 18.45 Uhr, in der Kneipe »Bei Ilona« in der Lütticher Straße.

Er war unruhig. Immer wieder schaute er auf die Kronkorkenuhr in der Kneipe. Er hatte doch extra gesagt 18.00 Uhr, und zwar punkt 18.00 Uhr. Er hatte wirklich etwas wichtiges mit ihr zu besprechen. Er wußte genau, daß er in dieser Kneipe auf keinen Fall länger, als bis maximal 19.00 Uhr nüchtern bleiben konnte. Wäre sie pünktlich um 18.00 Uhr dagewesen, hätten sie also eine volle Stunde gehabt, das hätte locker gereicht. Aber nein, sie mußte natürlich wieder zu spät kommen. Sie kam immer zu spät. Sowieso. Verdammt. Er ging nochmal auf Toilette, jetzt war sowieso alles egal, kam zurück, setzte sich und fuhr an der Stelle mit dem Warten fort, wo er vorhin aufgehört hatte.

Da plötzlich ging die Kneipentür auf und »sie« trat herein. Erregt sprang er auf: »Hallo Monika, gut daß du endlich kommst, ich habe eine äußerst wichtige Angelegenheit mit Dir zu bespre.. schascha schascha schaaaa...«, zu spät, 19.00 Uhr, er war wieder völlig betrunken. Genau, wie er es vorausgesagt hatte. Er wußte schon, wovon er sprach. Verzweifelt versuchte er noch, den ein oder anderen sinnstiftenden Satz zu artikulieren, aber es kam nur das konfuse, mit vielen Sch-Lauten durchsetzte Geseiere heraus, daß er immer machte, wenn er seiner Umwelt kundtun wollte: »Ich bin für heute mit dem Denken durch.«

Oh, er kannte diesen Moment des Übergangs gut. Diesen kurzen, aber entscheidenden Moment des Übergangs, von der vom Rausch beflügelten, am Rande der Genialität balancierenden, beschwingten Rede, hin zur völligen Dumpfheit des demoralisierenden, lähmenden Vollrauschs. Er hatte sogar schon einmal ein Gedicht über diesen Moment geschrieben. Es hieß einfach »Pech« und ging so:

Eben noch im hehren Kreis der Philosophen,
jetzt schon wieder einer vonne Doofen.

Nur zwei Zeilen, weiter war er nicht gekommen, denn damals war es gerade 19.00Uhr geworden, und da war dann wieder Essig gewesen.

Kompressor

Am Morgen wecken mich die Stimmen, von zwei Bauarbeitern, die sich vor meinem Fenster unterhalten.

»Boarh ey, kannste mir mal sagen, warum wir den Kompressor hierhin schleppen müssen? Das is doch 300 Meter von der Baustelle entfernt, und dann noch dieses Riesenkabel!«

»Ich weiß, aber meinste ich will den ganzen Tag diesen Kompressorlärm um die Ohren haben? Außerdem is das das einzige Fenster in der ganzen Straße, wo sich nie einer über den Krach beschwert.«

Ich verstehe ungewöhnlich schnell. Ich habe jetzt noch genau 30 Sekunden für wichtige Telefonate, ab dann ist in der Wohnung an Gespräche nicht mehr zu denken. »Brrröööööhhh…«, die 30 Sekunden sind um. Heute sind sie wirklich, wie im Flug vergangen.

Vielleicht bin ich für mein Viertel immer noch eine Spur zu freundlich gebaut. Aber damit ist jetzt Schluß, ich gehe in die Offensive. Ich öffne das Fenster und suche das Gespräch mit einem der Bauarbeiter. »Entschuldigen Sie, aber es wäre eine große Freude für mich, wenn Sie auch meine Beschwerde, wegen des Kompressorlärms berücksichtigen würden.« Er ist verblüffend nett, versteht aber wegen des Krachs kein Wort.

»Ey mann, so bringt dit gar nix. Sie müssen schon richtig ordinär aus ihrem Fenster rausblöken. Die Konkurrenz in der Straße schläft nicht, dafür sorgen wir schon. Unser Vorarbeiter hat eine genaue Hitliste über den Lautstärkegrad und Beleidigungswert aller aus-dem-Fensterblöker in dieser Straße. Und wer auf dieser Liste auf dem letzten Platz steht, der kriegt eben den Kompressor vors Fenster. So einfach is dit. Tut mir leid, aber ich hab die Regeln nicht gemacht.«

Ich schließe das Fenster und denke über laute, ordinäre Beschimpfungen nach.

Meine gute Erziehung entpuppt sich dabei als ziemliches Hindernis. Dabei bin ich meinen Eltern eigentlich dankbar. Wenn wir beispielsweise früher zusammen »Aktenzeichen XY- ungelöst« geguckt haben, und dann Berichte über brutale Raubmorde oder psychopathische Killer kamen, hat meine Mutter immer gesagt:

»Versprich mir, daß Du so etwas später nie machst.« Ich hab dann kurz überlegt und irgendwann gesagt: »O.K.«. Sowas sind vielleicht Kleinigkeiten im unüberschaubaren Wust einer Kindeserziehung. Aber effektiv. Fakt ist nunmal, daß ich bis heute noch nie einen Massenmord begangen habe. Also haben meine Eltern doch irgendwie alles richtig gemacht.

Ich könnte einfach die Wohnung verlassen. Aber ich trage eine Unterhose der vierten Kategorie. Schon vor einiger Zeit habe ich meine Unterhosen nach Kategorien eingeteilt. 1. Kategorie: gute Unterhosen, nur für besondere Anlässe, 2. Kategorie: ordentliche Unterhosen, 3. Kategorie: Unterhosen gerade noch über der Schmerzgrenze, 4. Kategorie: Unterhosen, die ich nur anziehe, wenn ich vorher alle Spiegel in der Wohnung zugehängt habe.

In solchen Unterhosen das Haus zu verlassen, ist enormer Stress, weil man ständig extrem darauf achten muß, nicht angefahren zu werden oder sonst zu verunglücken, und dann in dieser Unterhose in ein Krankenhaus eingeliefert zu werden.

Auf meinem Schreibtisch liegt eine Anzeige aus der Zweiten Hand:

»Esse gegen Honorar und vor Publikum volle Staubsaugerbeutel komplett auf. Nur ernstgemeinte Zuschriften. Auch Sex. Chiffre: 21272«

Habe mir diese Anzeige vor Wochen auf den Schreibtisch gelegt, um mich in depressiven Momenten daran zu erinnern, daß es andere auch nicht leicht haben.

Die Zigaretten sind aus. Für neue müßte ich aus dem Haus, außerdem bräuchte ich dafür Geld. Wenn ich das Rauchen aufgäbe, würde ich jeden Tag zehn Mark sparen.

Im Monat wären das 300, im Jahr 3600 Mark. Viel Geld, nach nur 300 Jahren Nichtrauchen hätte ich eine runde Million beisammen. Ob mir die Krankenkasse wohl einen Kredit über eine Million geben würde, wenn ich ihr verspräche, die nächsten 300 Jahre nicht mehr zu rauchen? Einen Versuch wärs wert, dann hätte ich immerhin wieder Geld für Zigaretten.

Andererseits, wenn sie mir das Geld nicht geben, und ich 300 Jahre auf die Million sparen müßte, wäre die, bei der derzeitigen Inflation, ja nur noch die Hälfte wert. Zieht man dann noch die Zinsverluste und höhere Ernährungsausgaben ab, ist man ruckzuck bei 342 783 Mark und 44 Pfennigen. Dies die 300 Jahre zurückgerechnet, ergibt, daß mich heute die Schachtel Zigaretten genaugenommen nur 1, 72 DM kostet. Ein erschwingliches Vergnügen also. Die Mathematik ist irgendwo doch mein Freund.

Lese in einer DFB-Broschüre: »Drogen machen gleichgültig.« Werfe die Broschüre weg. Is mir doch egal.

Die halbe Stunde ist rum. Ich muß wieder was Ordinäres aus dem Fenster blöken. Dieser Streß kann einen wahnsinnig machen. Ich brülle:

»Ich bin die schlimmste Schimpfschabracke,
Kompressorkrach ist Kinderkacke!!!«

Die Bauarbeiter schauen mich nur mitleidig an und stellen den Kompressor eine Stufe höher. Vielleicht sollte ich einfach die Unterhose wechseln und das Haus verlassen.

- endet hier.

Im Nachtbus

Donnerstagmorgen, 3.14 Uhr, im 26er Nachtbus, auf irgendwelchen dunklen Straßen in Moabit .

Auf der Bank vor mir sitzen zwei junge Männer. Beide machen durch ihre Haltung und Gestik überhaupt keinen Hehl daraus, daß sie ziemlich betrunken sind. Der Eine wohl sogar noch etwas mehr als der Andere.

Der Andere beginnt einen Dialog:

»Ey man, wat meinste, ein Bier trinken wa aber noch, bevor wa Feierabend machen, wa, heheheee?«

Sein Nebenmann starrt ihn an.

»HrrrrschajhdrerjfnfdssA....«

Der Erste unternimmt einen neuen Versuch, indem er noch hastiger artikuliert, willig in Kauf nehmend, daß sich seine Stimme noch mehr überschlägt.

»Ja klar man, hast ja recht, aber eins zischen wa doch noch, ganz locker, Zwitscherklause, liecht aufm Weg, kommst noch mit wa, kommst noch mit wa, heheheheee?«

»Buarschenschaschaaa....«

Ein dritter Anlauf.

»Ganz schnell machen wa dit, wa, gar keine Sache, schnell nochn Bier ziehen und dann ab ins Bett wa? Machen wa noch wa, machen wa noch wa, hehehehee?«

»Aschascha...aschaschaaa....ooouuuhhhhhh...bbrrrb ruubbrrrbbb!!!«

Plötzlich sackt der Kopf seines kaum Worte machenden Freundes nach vorne und mühsam übergibt er sich in seinen Rucksack. Verständnislos sieht der andere ihn an.

»Ey man, heißt dit jetzt ja oder nein?«

Auf dem Leopoldplatz (2)

Kaum hatte mich die Rolltreppe vor Karstadt aus dem U-Bahnhof Leopoldplatz auf den tageslichtumfluteten, ebenen Bürgersteig befördert, als auch schon eine strahlende junge Frau, mit Klemmappe im Arm, auf mich zugesprungen kam:

»Guten Tag, Sie sind doch sicher auch gegen Tierversuche, oder?«

Ich kam ins Grübeln.

»Ähm, meinen Sie jetzt generell bei allen Tieren, oder nur bei den niedlichen.«

Sie schien etwas irritiert.

»Ich glaube, ich meine schon generell bei allen Tieren.«

»Ah. Sie meinen auch bei den ganzen kackenden Tauben hier, den Ratten in meinem Haus und dem widerlichen kleinen Kläffer meiner Nachbarin?«

»Doch, auch bei denen.«

»Hm. Ich weiß nich.«

Ich überlegte hin und her, beschloß dann aber fünfe gerade sein zu lassen, wahrscheinlich prüfte das ja sowieso niemals irgendwer nach, und sagte einigermaßen überzeugend:

»Najaaa, da bin ich dagegen.«

»Dann macht es Ihnen ja sicher auch nichts aus, hier zu unterschreiben.«

»Kost' das was?«

»Nein.«

»Hm. Ich weiß nich, was nix kost, das is doch meist auch nix.«

»Sie können mir natürlich auch ne Mark für die Unterschrift geben.«

»Okay, das scheint mir fair.«

Ich unterschrieb, gab ihr die Mark und zufrieden zogen wir beide unserer Wege.

2. Die Wohnung

Wohnungseinrichtung

Ich kenne Menschen, die meine Wohnung kennen, die einfach anfangen zu lachen, wenn ich einen Satz beginne mit:

»Meine Wohnungseinrichtung...«

»Deine was?«

»Meine Wohnungseinrichtung.«

»Du meinst, die Sachen, die in deinem Zimmer rumstehen?«

»Ich meine, meine Wohnungseinrichtung.«

»Mann, Wohnungseinrichtung, das kommt von Einrichten. Man richtet darüber, wo, warum, welches Möbelstück steht. Du aber bist für deine Wohnung Richter und Henker zugleich. Sag lieber Wohnungshinrichtung.«

»Das stimmt nich, ich habe mir viele Gedanken über meine Wohnungshinrichtung...«

»Hör mal, ich weiß noch genau, wie ich dir vor acht Jahren beim Einzug geholfen und gefragt habe: Wo soll der Tisch hin? Und du hast gesagt, stell einfach irgendwo ins Zimmer, wo Platz is. Der Tisch steht heute noch genauso da. Nach acht Jahren!«

»Naja, um ehrlich zu sein. Es wäre mir lieber gewesen, du hättest ihn etwas näher zur Wand gestellt. Er steht oft ziemlich im Weg. Wenn ich abends das Licht ausmache und zum Bett gehe, stoße ich immer nochmal gegen den Tisch. Seit acht Jahren schlafe ich immer mit einem schmerzenden Knie ein. Ich hab mich schon richtig daran gewöhnt. Als ich kürzlich im Supermarkt von einem fremden Einkaufswagen einen Schlag gegen das Knie bekam, bin ich sofort eingeschlafen. Ich muß noch ein paar Schritte gegangen sein und hab mich dann in die Tiefkühltruhe gelegt. Blöde Situation gewesen das.«

- endet hier.

An einem Morgen wie jeder andere (1)

Stehe in der Küche und schimpfe mit den Wasserschimmelkulturen unter der Fensterbank:

»Ey du doofer Schimmel, was solln das? Hängst den ganzen Tag nur am Fenster rum und schimmelst da. Findeste das richtig? Haste nix Besseres zu tun. Mann, ich hab auch oft Langeweile, aber deshalb fang ich doch nich gleich an zu schimmeln. Hä? Da weißte nix drauf zu sagen, wa? Weißt Du überhaupt in was für ne mißliche Lage Du mich bringst? Schäden wie Dich muß ich sofort der Hausverwaltung melden, sonst bin ich dafür zuständig und Schuld. Aber wenn ich das melde, wollen die sich das bestimmt angucken, und dazu muß ich hier aufräumen. Und wie soll das denn wohl gehn? Oh mann, ich sags Euch ganz ehrlich, ich seh Euch total kritisch ihr doofen Schimmelkulturen!«

Werde später in mein Tagebuch schreiben: Am Morgen halbe Stunde Kulturkritik gemacht.

Mein Blick fällt auf die vollgestopfte Küche und die Pfanne mit Resten von gestern. Man kann meine Wohnung überhaupt nicht mehr aufräumen, dazu stehn mittlerweile viel zu viel Sachen darin rum. Rumräumen ja, aber aufräumen, nee, das geht nich mehr. Ich glaube, ich habe in meinem ganzen Leben noch nie etwas weggeschmissen. Das sieht man der Wohnung allerdings auch an. Dabei hab ich kürzlich sogar eine Exkursion in den Innenhof gemacht, um zu gucken wo die Mülltonnen stehen, falls ich doch mal was wegwerfen will. War gar nicht so weit. Wenn ich das vorher gewußt hätte, hätte ich mir überhaupt nicht soviel Proviant mitnehmen müssen. Mein Picknick an den Mülltonnen, vor dem anstrengenden Rückweg, hat mein Ansehen im Haus auch nicht gerade verbessert. Manchmal steck ich Besuchern unauffällig kaputte elektronische Geräte in die Tasche, so hab ich wenigstens das Gefühl, sie kommen in gute Hände. Immernoch besser als wegschmeissen. Vor allem meinen riesigen, alten, kaputten Grundigfernseher wäre ich gerne los. Aber als ich den Hinark in die Tasche stecken wollte, hat ers gleich gemerkt. Er ist nicht dumm.

Ich gehe ins Zimmer und rufe Thomas an: »Sag mal, hast Du Interesse an einem alten Grundig-Fernseher? Is noch total wie neu, nur kaputt.«

Er legt sofort auf. Naja, vielleicht ist er noch beleidigt wegen neulich. Er ist unheimlich schnell beleidigt. Während eines Gesprächs, das heißt eigentlich sprach nur er, und ich versuchte zuzuhören, hatte ich aufmal ein Diktiergerät auf den Tisch gestellt und eingeschaltet. Zuerst war er begeistert. »Oh, willst Du meine Geschichte mitschneiden und demnächst für einen Text verwenden?«

»Nee, eigentlich gar nicht. Es ist nur, ich kann in letzter Zeit so schlecht einschlafen, und dein Band wird mir sicher dabei helfen.«

Zack, schon war er beleidigt.

Ich beschließe in die Küche zurückzugehen, um den Wasserschimmelkulturen durch einige Buntstiftstriche ein freundlicheres Erscheinungsbild zu geben. Das Raumambiente ist mir schon wichtig. Vor der Pfanne liegen mittlerweile zwei Mäuse. Tot. Schlecht fürs Raumambiente. »Mensch Horst«, denke ich, »vielleicht ernährst Du Dich ja doch falsch.« Zugegeben, ein bißchen flau war mir auch, aber gleich von totgehn? Ich fühle ihren Puls, Gott sei Dank, sie sind nur bewußtlos. Ich pumpe ihnen den Magen aus und trage sie zurück in den Innenhof.

Als ich zur Wohnung zurückkomme, steht Thomas vor der Tür. Ich werfe noch schnell einen Blick nach draußen. Auf dem Bürgersteig liegen regungslos einige Passanten und schlafen. Vermutlich hat Thomas auf dem Weg zu mir die ganze Zeit laut vor sich hingeredet.

»Hallo Horst!, ich hab mir das mit dem Fernseher...«

Als ich Stunden später wieder aufwache, sind der Fernseher und Thomas weg.

Eine Kriminalgeschichte

Es war eine Donnerstagnacht, daran erinnere ich mich noch ganz genau. Ja, der gesamte Vorfall, jedes Detail ist mir noch in solchem Maße gegenwärtig, als wäre es erst gestern gewesen. Aber, wie sollte es auch anders sein, bedenkt man den Grad des Eigenartigen, des Geheimnisvollen meines Erlebnisses.

Schon weit nach Mitternacht war es, als ich mein Buch zur Seite legte. Vollkommen allein in meiner Wohnung hatte ich mich durch die spannende, wenn auch zuweilen recht blutrünstige Kriminalgeschichte über einen Shakespearemörder zur Gänze gefangennehmen lassen. Nur mühsam fand ich in die Wirklichkeit meiner bescheidenen Parterre-Wohnung zurück, wenngleich mir der Lärm der Straße, welcher durchs offene Fenster in mein Zimmer drang, dabei nach besten Kräften half.

Nach einer Entspannungszigarette spürte ich ein Ziehen in den Lenden. Nur zu gut kannte ich dieses Zeichen. Schwerfällig erhob ich mich aus dem Sessel und schleppte mich müde zur Toilette. Ich drückte die Klinke, und mein Gesicht erhitzte sich schlagartig auf mindestens 40 Grad. Die Toilette war besetzt, von innen verschlossen.

Wirre Gedanken schossen mir durch den Kopf, wie konnte das sein, ich war doch definitiv allein zu Haus. Außer mir besitzt niemand einen Schlüssel für die Wohnung.

Ich ging zur Wohnungstür, sie war fest verriegelt, auch alle Fenster außer dem im Zimmer waren geschlossen und nirgends die Spur einer gewaltsamen Öffnung.

Ich ging zurück zur Toilette, um nochmals die Klinke zu drücken. Die Tür war verschlossen. Ich klopfte. Nichts geschah. Ich rief: »Hallo, ist da jemand!« Stille.

Gerade wollte ich beginnen auf die Tür einzutrommeln, als ich einen kleinen gelben Postzettel bemerkte: »Schauen Sie bitte sofort in ihren Hausbriefkasten.«

Verwundert riß ich den Zettel ab, ging zum Briefkasten

und fand tatsächlich einen schwarzen Umschlag. Ich erbrach diesen, kaum daß ich zurück in der Wohnung war und fand einen Brief, mit einem aus ausgeschnittenen Zeitungsbuchstaben zusammengesetzten Text. Ich las:

»Schieben Sie sofort 250.- Mark in kleinen Scheinen unter der Toilettentür durch. Dann legen Sie sich aufs Bett und fesseln sich an Fuß- und Handgelenken. Wenn Sie alle Anweisungen korrekt ausführen, sorge ich dafür, daß man Sie noch heute Nacht findet und befreit.

PS: Wenn Sie die Polizei einschalten, sehen Sie ihre Toilette nie wieder.«

Sofort griff ich zum Telefonhörer, was interessiert mich das Klo, dachte ich, das ist schließlich Sache der Hausverwaltung..., aber andererseits, ich zögerte, wie lange das wieder dauern würde, der Irre wird ja wohl auch sprengen, da geht doch nicht nur das Klo kaputt, und außerdem, irgendwie häng ich ja schon an meinem Klo, den Kartons, der roten Bürste und überhaupt. Wieviele schöne ruhige Stunden wir miteinander verbracht hatten, und wie nah wir uns dabei gewesen waren. Nein, wir hatten keine Geheimnisse voreinander.

Ich hatte keine Wahl, ich mußte meine Toilette retten. Allerdings war kein Pfennig Geld im Haus. Was sollte ich tun?

Ich riß mich zusammen und klopfte nochmals an der Tür: »Ich, ich habe Ihren Brief gelesen, hören Sie, ich würde Ihre Forderung ja gerne erfüllen, aber ich kann es nicht, ich habe keine müde Mark da.«

Stille. War da überhaupt irgendjemand? Irgendetwas? Ich legte mein Ohr an die Tür, um zu horchen. Atmete da jemand? Erneut erhob ich die Stimme:

»Hören Sie, ich habe keine 250.- Mark!«

»Gut.« Ich erschrak. Es war tatsächlich jemand auf meiner Toilette. »Dann holen Sie es eben morgen von der Bank.«

»Bank?!?« Ich war verzweifelt. »Das geht auch nicht. Ich habe Schulden, mein Dispo ist weit überzogen, die geben mir nichts mehr.«

Erneut Stille. Er überlegte wohl.

»Haben Sie Münzen?«

»Nein.«

»Briefmarken?«

»Ach was.«

»Wertpapiere?«

»Woher?«

»Schmuck?«

»Versetzt.«

»Gemälde?«

»Hören Sie!«

»Fernsehn?«

»....«

Ich zuckte zusammen. »Nein nicht den Fernseher, bitte nicht den Fernseher.« Meine Stimme begann weinerlich zu kreischen.

»Schon gut, schon gut, beruhigen Sie sich doch.« Die Stimme des Mannes bekam jetzt beinahe etwas Väterliches. »Versuchen Sie doch auch einmal mich zu verstehen. Meinen Sie etwa, ich mache das gern hier? Ich könnte mir auch bessere Jobs vorstellen.«

Ich wischte mir die Tränen aus den Augen. »Ja natürlich, es geht auch schon wieder.«

»Na also, dann mache ich Ihnen jetzt mal einen Vorschlag, wie wir beide die Angelegenheit hier regeln können, und sich trotzdem keiner übervorteilt fühlt. Sie haben doch bestimmt ein paar Vorräte im Haus, oder?«

»Doch, klar.«

»Schön, und nu sag ich Ihnen mal was. Ich bleib einfach für eine Woche hier in der Toilette, sie kochen in der Zeit für mich, reichen mir ab und zu ein Buch oder ne Tageszeitung rein, machen vielleicht das Radio etwas lauter und nach einer Woche ist die Sache für uns beide erledigt. Is das fair?«

Ich war einverstanden.

Da ich nun tatsächlich ein hervorragender Koch mit

geringsten Mitteln bin, und mein Gast auch nicht zu wählerisch bei Zeitungen, Büchern und Radioprogrammen war, kamen wir die Woche über recht gut miteinander aus.

Dumm war nur, daß ich nicht auf meine Toilette konnte. Nach vier Tagen war ich bei allen Hausbewohnern schon einmal mit der WC-Reiniger-Ausrede aufs Klo gegangen. Der zweite Umlauf war schon schwieriger und als ich das dritte Mal bei Frau Schmah klingelte, klärte mich die gute greise Frau darüber auf, daß sie auch schon einmal Wasserflöhe in der Toilette gehabt hätte.

Etwas mehr als eine Woche war vergangen, als ich gegen Abend in die Wohnung kam und die Toilette offen vorfand. Sie war leer. Auf dem Küchentisch lag ein Zettel: »Es war sehr nett. Vielen Dank.«

Mein Klobesetzer war also wieder verschwunden, genauso lautlos und geheimnisvoll, wie er gekommen war. Bis heute weiß ich nicht, wie er in die Wohnung gekommen ist, wie alt er war, wie er hieß, ja noch nicht einmal wie er aussah, denn ich mußte ihm immer alles vor die Tür stellen und dann kurz die Wohnung verlassen. Aber irgendwie habe ich ihn gemocht.

Zwei Tage nach seinem Auszug klingelte es an meiner Tür. Es war Fr. Günther aus dem zweiten Stock, ihr Klo sei verstopft und sie müsse so nötig, ob sie nicht einmal....

Lächelnd ließ ich sie ein, denn plötzlich wurde mir klar, daß das, was ich in der letzten Woche erlebt hatte, nichts Geringeres war, als die bislang schonungsloseste und offenste Anklage gegen Wohnungsnot und Sozialabbau.

Wer hätte das gedacht.

Hausputz 1 - Grobreinigung

Wenn das Gerümpel und der Müll, die in meinem Zimmer rumliegen, soviel geworden sind, daß man alle künstlichen Erhebungen wie Tisch, Stuhl, Bett und Schreibtisch mit bloßem Auge nicht mehr als Erhebung erkennen kann, dann ist es Zeit zum Aufräumen.

Erstrecht, wenn Tisch und Stuhl innerhalb des allgemeinen Chaos schon mehr wie Mulden wirken.

Bei einem durchschnittlichen, über ein halbes Jahr angesammelten, flächendeckenden Gerümpelberg in meinem Zimmer unterscheide ich zwischen folgenden Schichten: Die oberste Schicht meines Ablagesystems besteht aus neuzeitlichen, kaum beschädigten Sachen, die noch voll nutzbar sind. Die mittleren Schichten nenne ich Jurazeugs, Kreidekrams und frühes Müllozän. Die unterste Schicht ist im Regelfall durch monatelanges Festtreten bereits zu einer recht brauchbaren Braunkohle evolutioniert, die ich in kleinen Fläzen aus dem Boden heraussteche und an Freunde mit Ofenheizung verkaufe, ein lukrativer Nebenverdienst.

Lethargie

Deutschland. Ein Land in der Krise. Überall auf den Straßen und Wegen nichts als entmutigte Gesichter. Dem Leben entfremdet, der Depression zugetan. Keiner leistet mehr was, krempelt die Ärmel hoch, schafft Wohlstand!

Sind die Deutschen faul geworden?

Wir wollten es genau wissen und stießen auf Erschütterndes. In der Wohnung von Horst Evers befindet sich seit einer Woche eine Ladung Kochwäsche in der Waschmaschinentrommel. Horst Evers dazu: »Ich habe sie bestimmt schon 30mal gespült und geschleudert, weils sonst ja anfängt zu stinken, aber ich kann mich einfach nicht dazu aufraffen, sie aufzuhängen. Naja, wenigstens krieg ich so mal, so dermaßen saubere Unterwäsche, daß mich jeder darum beneiden wird.«

Hausputz 2 - Wäsche waschen

Von der Wäsche quetsche ich soviel wie eben geht in die Waschmaschinentrommel. Leider ist es soviel, daß ich meine Dosierkugel mit den Megaperls danach einfach nicht mehr in die Trommel kriege. Da die Wäsche so ineinander verknäuelt ist, daß ich sie auch nicht mehr aus der Maschine rauskriege, und ich mir aus der oberen Vorrichtung zum direkten Einstreuen des Waschpulvers, schon vor Monaten einen Karteikasten gebaut habe, um besser Ordnung halten zu können, komme ich zu dem Schluß, daß die Waschmaschine kaputt ist. Zumindest fast. Mir bleibt nur noch eine Möglichkeit. Ich schütte die Dosierkugel wieder aus und drücke das Mittel, Megaperl für Megaperl in die Wäsche, knapp vier Stunden später bin ich fertig. Ging doch.

Gaffa

Es klingelt. Das Telefon. Meine Mutter ruft an und erkundigt sich, ob ich bereits den Stand der völligen Verwahrlosung erreicht habe.

Antworte, das sei schwer zu beurteilen. Gesicherte Erkenntnisse gäbe es da eigentlich noch so gut wie keine. Überlege, ob ich ihr von dem Topf auf meinem Herd erzählen soll, in dem ich vor 2 Monaten Nudelsauce gemacht habe, die ich dann aber völlig vergaß. Seit mir vor sechs Wochen der Topf und sein Inhalt wieder eingefallen sind, trau ich mich nicht mehr reinzugukken. Vor zwei Wochen habe ich aus Panik, ich könnte versehentlich reingucken, den Deckel an den Topf festgegaffaert. Seitdem beult sich der Topf mehr und mehr nach außen aus. Ich glaube er bewegt sich auch. Nachts. Vor allem nachts.

Meine Mutter fragt, ob ich denn wenigstens vernünftig esse. Sage, das kann man so und so sehen. Erzähle dann doch von dem Topf, sie legt auf.

Schaue nach Post. Zwei Briefe. Beide von mir. Habe mir angewöhnt, jeden Tag eine Liste von Dingen anzufertigen, die ich auf keinen Fall vergessen darf. Stecke die Liste dann immer in einen Briefumschlag und schikke sie mit der Post an mich. Das ist die einzige Chance, wie ich diese Listen nie verlieren kann. Stecke seit einiger Zeit auch alle wichtigen Papiere und Ausweise immer in Briefumschläge und schicke sie mir zu. Habe seitdem nie wieder meinen Personalausweis verloren. Da soll noch einer sagen, ich wüßte mein Leben nicht zu organisieren.

Mir ist langweilig. Früher wenn mir langweilig war, habe ich mich immer in die U-Bahn gesetzt, und, wie viele andere auch, mit einer Schere die Kopfhörerkabel von feindlichen Walkmen durchgeschnitten. Ich fand es immer erstaunlich, wieviele abgeschnittene Walkmennutzer das gar nicht gemerkt haben, oder nur unruhig an ihrem

Lautstärkeregler herumgedreht haben.

Heute geht das nicht mehr, weil meine U-Bahn-Karte und die Schere ständig mit der Post unterwegs sind.

- endet da.

Hausputz 3 - Abwasch

Wohl jeder Mensch hat Hausarbeiten, die er gerne macht, und solche, die er nicht so gerne macht. Das ist auch bei mir nicht anders. Gerne mach ich: Kaffee kochen, Tisch decken und abwaschen. Alles andere mach ich nicht so gerne.

Abwaschen entspannt, finde ich. Außerdem ist ein großer Abwasch, sowas wie ein gut geführtes Poesiealbum. Jeder Teller mit verkrusteten Essensresten bringt die Erinnerung zurück, an die glücklichen, manchmal geselligen Stunden des jeweiligen Essens.

Wenn ich besonders lecker gekocht habe, hol ich mir in der Regel noch zwei frische Teller aus dem Schrank und schmiere sie mit etwas von der Sauce ein, damit ich beim Abwasch länger was zum Erinnern habe. Bei extrem leckeren Mahlzeiten drück ich sogar noch ein paar Reste in die Zitronenpresse, weil die abzuwaschen, dauert immer total lange. Darüberhinaus spart Abwaschen immer einmal Händewaschen. Das ist sehr ökologisch.

An einem Morgen wie jeder andere (2)

Zuerst dachte ich, es sei ein Morgen, wie jeder andere. Aber das denke ich eigentlich jeden Morgen, deshalb ist ja auch jeder Morgen erstmal wie jeder andere.

Ich kenne verdammt viele Menschen, die jeden Morgen mit dem gleichen Gedanken aufwachen, aber ich kenne verdammt nochmal keinen, dessen Gedanke so langweilig ist wie meiner. »Oh, scheint als wäre das ein Morgen, wie jeder andere; schön, schön.«

Trotzdem schien mich an diesem Tag irgendetwas zu irritieren.

Ich grub ein kleines Loch in den Wust von Büchern, Zeitungen und Bierflaschen auf dem Bett, um mich etwas im Zimmer umzuschauen. Im Fernsehn lief »Der Preis ist heiß«. Schlimm - aber normal. Irgendwelche Kleidungsstücke waren fein ordentlich über Plattenspieler und Heimtrainer geworfen. Auf dem kleinen Tischchen standen einige Schüsseln und Teller mit Essensresten. Der weise Herr Schimmel legte langsam sein weiß-grünes Gewand darüber und blinzelte lustig in der Morgensonne. Nicht schön. Das kommt nämlich davon, wenn man seinen Teller nicht richtig leerißt. Binnen einer Woche: Schimmel. Ich beschloß einen Artikel für die Zeitschrift »Eltern« zu schreiben, in dem ich darauf hinweisen würde, wie blödsinnig es ist, Kindern, die nicht aufessen wollen, mit Schlechtwetter, Fernsehverbot oder knickrigem Weihnachtsmann zu drohen. Viel wirksamer ist es, einfach zu sagen: »Was Du nicht aufißt wird in Dein Zimmer gestellt und schimmelt da«. Schimmelige Esswaren neben dem Bett haben in der Regel einen Hauch von Ekel an sich und sagen oft mehr als tausend Worte.

Am Fenster drückten sich einige Schulkinder die Nasen platt und riefen ständig: »Guck mal, guck mal, guck mal, es bewegt sich, ich habe gesehn, wie es sich bewegt, Hua.«

Ich hoffte sehr sie meinten mich damit. Im Parterre

sind solche Fensterkinder nichts ungewöhnliches. Ich bäumte mich kurz auf, riß den Mund weit auf und schaltete als Playback den gewaltigen Staubsauger an. Schwupp, weg warn sie.

Nun, eigentlich war es, wie gesagt, ein Morgen wie jeder andere.

Hausputz 4 - Fensterputzen

Fensterputzen geht schnell. Ich spritze reichlich Glasreiniger auf die verdreckten Scheiben und hoffe, daß es im Laufe des Tages noch regnet. Fertig.

3. Das Leben

Notizen eines Arbeitslosen

Freitag, 23.00 Uhr

Mein Gott, jetzt bin ich schon seit zweieinhalb Stunden arbeitslos und war noch nicht einmal betrunken. Hätte nicht gedacht, daß ich es so gut verkrafte.

Fühl mich trotzdem irgendwie ....nutzlos.

Komme noch nicht richtig mit der neugewonnen Freiheit klar. Weiß auch gar nicht genau, wie man sich als Arbeitsloser zu verhalten hat. Beschließe in Kürze Vorgesetzte und altgediente Kollegen zu befragen; will schließlich nicht gleich in den ersten Tagen unangenehm auffallen.

Wandere ein wenig durch die Wohnung und übe dabei das Beschämt-zu-Boden-blicken. Verliere die Orientierung und gerate versehentlich in den Kleiderschrank. Niemand da..., will schon wieder gehen, da bemerke ich, daß ich auch gar nichts passendes zum Anziehen für meine Arbeitslosigkeit habe.

Verlasse den Kleiderschrank. Suche in der Zeitung nach Angeboten für Jogginganzüge. Das Billigste: 15.-Mark bei Corsa, bin beeindruckt. Oder vielleicht doch lieber was Besseres? Schließlich muß ich ihn ja jeden Tag tragen.

Samstagmorgen 10.00 Uhr

Bin schon seit drei Stunden sinnlos wach, will aber nicht darüber nachdenken.

Als erstes um sieben Uhr rausgegangen, auf dem Bürgersteig hin und hergelaufen und dabei alle Passanten laut gegrüßt. Vor allem, die aus meinem Haus, damit sie sehen, daß ich schon wach bin. Hinterher den Bürgersteig gefegt, dann rumgestanden.

Zeitung gekauft. Gesucht nach Demonstration gegen Arbeitslosigkeit am Nachmittag. Stimmung lappt ins Kämpferische. Will zeigen, daß ich mich ordentlich wehre, was tue.

Nichts gefunden. Nachmittag frei. Trotzdem unzufrieden. Rufe Bov Bjerg an und frage, ob er Lust hat, mit mir Demonstration zu organisieren, um die Welt und CNN auf unsere Arbeitslosigkeit hinzuweisen, und die Regierung unter Druck zu setzen.

Kollege Bjerg ist im Prinzip begeistert, meint aber, daß es nicht funktioniert, weil wir von uns aus gekündigt haben. Wie meint er das? Ich glaube, er versteht mich einfach nicht; oder besser: Er will mich einfach nicht verstehen.

12.00 Uhr

Zwei Stunden still gesessen, dann von Türklingel gestört worden.

Rot-Kreuz-Mitarbeiter, will, daß ich Mitglied werde und sie finanziell unterstütze. Sage: Bin arbeitslos. Rot-Kreuz-Werber ist betroffen, meint aber, das macht nichts. Ich dürfte trotzdem Mitglied werden und sie finanziell unterstützen. Netter Mensch, bedaure, daß ich es mir nicht leisten kann. Schlage aber vor, mit dem Roten Kreuz nach Sarajewo zu fahren und dort die Eilzustellung wieder neu aufzubauen. Frage ihn, ob er mir bis dahin etwas Geld leihen kann. Er schlägt mir die Tür vor der Nase zu. Hoffe mir die Methode merken zu können.

Will wieder still sitzen und nachdenken. Scheitere, weil: Kopfleere.

Stattdessen eine Einblendung: Lieber Horst, deine nachfolgenden Gedanken verschieben sich um ungefähr 15 Minuten.

12.30 Uhr

Rutsch aus dem Nichts ins Grübeln über Geldprobleme.

Ergreife die Initiative. Rufe beim ZDF an und frage, ob sie jemanden für die Wetterkarte brauchen. Stimme am anderen Ende sagt im Wesentlichen: »Nein!« Naja, habs wenigstens versucht. Ist eben Rezession.

Denke weiter ans Geld. Bemerke, daß »Kopfleere« schöner war. Stelle fest, daß meine EC-Karte nicht mehr funktioniert. Zumindest nicht ohne Automaten. Verdammt, ich brauche Geld. Vielleicht sollte ichs mal als Gameshow-Kandidat versuchen. Oder besser noch bei »Wetten daß...?« Suche mein Wettalent. Werde üben, die Tiefkühlpizzasorte, die Bov Bjerg zuletzt gegessen hat, am Furzgeruch zu erkennen. Prima Idee. Kopfleere stellt sich wieder ein.

15.00Uhr:

Meine Mutter ruft an und bittet mich, mich mit ihr zu zerstreiten, damit wir uns bei »Verzeih mir« wieder versöhnen können. Ist das der Moment? Löse ich mich jetzt von meiner Mutter? Beschließe Bekanntschaftsanzeige aufzugeben:

Ich bin gründlich gutaussehend und ein bißchen arbeitslos. Meine Hobbys sind Fernsehn. Und ich versteh auch viel von gutem Essen. So denken ja viele Tiefkühlpizza wäre gleich Tiefkühlpizza. Tatsächlich gibt es da aber riesige Qualitätsunterschiede und auch verschiedene Sorten...

Verwerfe Bekanntschaftsanzeige. Zu lang, zu teuer. Werde morgen nochmal meine Mutter anrufen.

18.00 Uhr

Beginne langsam zu verwahrlosen. Vielleicht sollte ich mich mal absichtlich waschen. Das könnte mir helfen. Beweisen, daß man noch was mit mir anfangen kann, das Leben trotzdem weitergeht, man nicht an der Arbeitslosigkeit zugrunde gehen muß. Fasse wieder Mut. Frage mich warum.

23.00 Uhr

Beschließe auf dem Fernseher und im Regal, Staub zu putzen. Bin überrascht, daß ich es auch mache. Finde, daß es vorher gemütlicher aussah. Versuche Staub aus dem

Staubtuch wieder zurückzuschütten; scheitere erneut. Fühle mich unfähig und verbraucht, ärgere mich, beiße Stück aus Staubtuch und schlucke es runter.

Warte, was passiert: Keine Reaktion. Bin erschüttert, wie ich auf alles immer gleichgültiger reagiere.

Überlege, ob ich mir den Bart abrasieren sollte. Tue es nicht aus Angst, es könnte mir nicht gefallen. Sähe sicher dämlich aus, wenn ich mir die Stoppeln ins Gesicht zurückschütte, möchte außerdem vermeiden ein Stück aus dem Rasierapparat herauszubeißen.

Beschließe stattdessen mich ruhig zu verhalten und zu warten, bis Staub wieder auf dem Fernseher liegt. Sinniere beim Beobachten des fallenden Staubs, ob ich mich nochmal waschen sollte oder meine Mutter anrufen oder den Fernsehkanal wechseln oder.... Eigentlich könnte ich mich ja jetzt umbringen, aber ich habe Angst, daß dann mein ganzes Leben nochmal an meinem inneren Auge vorüberzieht.

Sonntag, 1.00 Uhr:

Bemerke, daß Tagebuchschreiben depressiv macht. Erstrecht beim nochmaligen Durchlesen aus Langeweile. Beschließe deshalb alles weitere nicht mehr aufzuschreiben, sondern auf fremde Anrufbeantworter zu sprechen. Die moderne Kommunikationstechnik ist nämlich mein Freund...

- endet da.

Woran man unweigerlich merkt,
daß man älter wird

Der erste September 1995 war ein ganz besonderer Tag für mich. Wenn man als junger Mensch die Pubertät gerade beendet hat, sich wirtschaftlich ein wenig konsolidiert fühlt, dann denkt man erstmals über die Anschaffung eines bleibenden Wertes nach, etwas für die Ewigkeit. Andere kaufen sich Bilder, Ersttagsstempel oder ein Buch, ich habe mich damals für eine Konservendose entschieden. War falsch, denn seit dem ersten September 1995 bin ich erstmals in Besitz einer Konservendose, deren Mindesthaltbarkeitsdatum abgelaufen ist. Deutsche Brechbohnen, Handelsklasse A.

Ja, ich habe meine erste Konservendose überlebt. Gott, ich fühle mich wirklich alt.

Muller

Berlin, 17. September 2008

»...wir hoffen sie hatten einen angenehmen Flug. Ihr Kapitän Robert Schmidt, seine Crew und die deutsche Lufthansa-AG wünschen Ihnen einen erfrischenden Aufenthalt in Berlin und distanzieren sich im übrigen aufs heftigste von der Bundesregierung.«

Mühsam erhob sich Muller aus seinem Sessel. Fast 20 Jahre war es her, daß er Berlin nach der Maueröffnung verlassen und in New York seine Detektei eröffnet hatte. Über dem Flughafen prangten riesige Transparente mit Aufschriften wie: He he he, Regierung in die Spree, zum Teufel mit dem Bundestag oder natürlich das berühmt schlichte »Tötet die Regierung«.

Direkt vor dem Flugzeug warteten eine Reihe Taxen. Es wunderte ihn kaum, daß sein Fahrer nach einem freundlichen Gegen die Regierung, bei welchem er kämpferisch die Faust in der Armbeuge zurückwarf, sofort begann wild gegen Bundestag, Minister und Kanzler zu schimpfen. Man werde Sie schon erwischen und dann: »Fresse polieren, Arsch aufreissen, Ziegensack hochbinden«. Aus dem Radio dröhnte der neueste Ohrwurm der Feuerteufel: »Kanister auf, Supersprit dann rauf, in 5 Sekunden leuchtets auf, gar nichts schöneres, das man hier kennt, als ein Kanzler, wenn er brennt!!!«

Muller versuchte das alles zu ignorieren. Natürlich hatte man auch in New York die Vorgänge in Deutschland interessiert verfolgt.

Angefangen hatte alles im Herbst 1999 mit dieser mysteriösen Serie der Kanzlermorde. Einer neugegründeten Terrorgruppe, die sich einfach TÖTET DIE REGIERUNG, kurz TDR, nannte, war es gelungen, innerhalb von nur acht Wochen sechs Bundeskanzler zu ermorden. Immer nur wenige Stunden nach der Ernennung ließen sie es krachen und kündigten desweiteren auch eine unbefristete Fortsetzung dieser liebgewonnenen Gewohnheit an.

Da es hierdurch natürlich zunehmend schwieriger wurde, jemanden zu finden, der bereit war das Kanzleramt zu übernehmen, einigten sich die Mitglieder des Bundestages schließlich darauf, zwar noch einen Kanzler zu wählen, seinen Namen jedoch geheimzuhalten. Somit war also jedes Mitglied des Bundestages auch ein potentieller Bundeskanzler.

Die TDR jedoch zeigte sich nicht die Spur irritiert und begann fortan systematisch die Abgeordneten zu ermorden. Als den noch lebenden Bundestagsmitgliedern nun ihre fatale Lage bewußt wurde, kamen sie mit sich überein, geschlossen ihre Mandate niederzulegen und die Parteien anzuweisen, ihre Vertreter für den Bundestag, unter strengster Geheimhaltung der Namen, direkt zu benennen.

Die TDR hingegen antwortete mit einer gewaltigen Menge von Attentaten auf Parteimitglieder jedweder Couleur, welche zwar zum Teil, aufgrund der erstaunlichen Menge, etwas lieblos gemacht, deshalb aber nicht weniger effektiv waren. Eine Austrittsflut, die schließlich in der Auflösung sämtlicher Parteien endete, war die Folge.

Die Regierung wanderte nun endgültig in den Untergrund und tätigte dort ihre Geschäfte.

Aufgrund der angenehmen Nebenerscheinungen, die dieses Untertauchen des Parlaments mit sich brachte, kamen die Menschen in Deutschland recht problemlos mit der Situation zurecht. Eine dieser Nebenerscheinungen war die Auflösung der überflüssig gewordenen Bundeswehr. Zwar konnte man Deutschland jetzt ganz einfach erobern, aber wer ein Land erobert, der muß es auch regieren, und darauf war tatsächlich niemand scharf.

Die Bevölkerung begnügte sich damit, es sich gutgehen zu lassen, die gängigen Gesetze zu befolgen und sich in jedem Falle und entschieden von der Regierung zu distanzieren. In der Tat bewirkten die angeborene Mentalität und eine langjährige demokratische Erziehung sogar, daß man alle vier Jahre zur Wahl ging.

Eine Wahl, die freilich durch die Auflösung der Parteien einen ganz eigenen Charakter bekommen hatte. Der Wahlzettel bestand nur noch aus fünf durchnummerierten Kringeln, von denen der Bürger einfach einen anzukreuzen hatte. Natürlich wußte er somit nicht, welchen Kandidaten, welche Partei oder welches Programm er wählte, logischerweise entfiel auch der Wahlkampf, aber irgendwie war der Wahlsonntag doch immer noch etwas besonderes.

Sogar die TDR war mittlerweile so gut wie aufgelöst. Nur eine kleine, perfekt ausgebildete Spezialeinheit hielt sich noch für Feuerwehreinsätze bereit, um immer dann in Aktion zu treten, wenn wieder einer dieser betrunkenen Stammtischkomiker in seinem Suff prahlte, er wäre eigentlich der Bundeskanzler.

Doch, es hatte sich viel getan in den letzten 20 Jahren.

Das Taxi hielt vor dem Regierungstod-Hotel, zu dem Muller seine geheimnisvollen Auftraggeber bestellt hatten. Mit einem freundlichen »TÖTET DIE REGIERUNG« holte er den Schlüssel vom Portier, um dann sofort aufs Zimmer zu gehen.

In der Mitte des verschwenderisch eingerichteten Raumes stand ein Tonbandgerät. Muller drückte die Play-Taste.

»Guten Tag Herr Muller. Entschuldigen Sie bitte die Qualität der Aufnahme, aber es ist für mich lebensnotwendig unerkannt zu bleiben. Ich spreche hier nämlich als der geheime offizielle Repräsentant des Kringels 3 zu Ihnen. In den letzten acht Jahren stellten wir die geheime offizielle Untergrundregierung. Die letzte Wahl jedoch ergab ein Patt zwischen dem Kringel 4 und unserem Kringel. Um mehrheitsfähig zu sein müßten wir eine Koalition mit dem Kringel 5 eingehen. Dummerweise weiß aber niemand, wer sich hinter diesem Kringel verbirgt, und was seine Ziele sind. Dies herauszufinden ist Ihr Auftrag. Wir setzen uns in 48 Stunden wieder mit Ihnen in Verbindung. Bis dahin, TÖTET DIE REGIERUNG!!!«

Ein kurzes Knacken und unter einer beachtlichen Stichflamme zerstörte sich das Tonbandgerät selbstständig.

Völlig sinnlos und apathisch starrte Muller auf den übriggebliebenen schwarzen Fleck. Er fühlte sich wie ein Toaster, in den man eine Bockwurst gesteckt hatte. Hier konnte er bestimmt nicht einfach sein Routineprogramm runterspulen, er brauchte verdammt dringend eine verdammt gute Idee.

- ENDE DES ERSTEN KAPITELS -

Der Tag, an dem meine schlimmste Angst wahr wurde

Freitagabend, 9.00 Uhr, bin schon seit 10 Uhr morgens wach, liege aber immer noch im Bett und denke nach. Mag es, wenn der Tag nich so holterdipolter beginnt, wenn man erstmal noch ein bißchen im Bett liegen bleiben kann und nachdenken. Jetzt muß ich aber schnell raus, muß noch einen Brief zum Nachtbriefkasten bringen, damit der Morgen schön pünktlich da is.

9.05 Uhr. Komme vom Nachtbriefkasten wieder nach Hause. Endlich Feierabend. Den hab ich mir aber auch verdient. Guter Tag gewesen. Sinke erschöpft vor Fernseher. Schön bißchen ausspannen. Drücke Fernsehanlasserknopf. Nix passiert. Drücke nochmal, nochmal, noch-mal. Nix. Fernseher ist kaputt. Denke: »Werde später über diesen Tag sagen: Das war der Tag, an dem meine schlimmste Angst wahr wurde.«

Drehe Fernseher um. Sehe in Rückwand eingestanzten Hinweis: »Warnung, Rückwand darf nur von Fachmann entfernt werden.« Denke: »Pah.« Hole Schraubenzieher. Zerkratze damit Warnung auf der Rückseite, um wenigstens hinterher ne gute Ausrede zu haben. Baue Rückseite ab, habe schließlich als Kind sogar schon mal einen Wekker repariert. Sehe zum erstenmal das Innere meines Fernsehers. Staune nicht schlecht. Werde auf einmal unheimlich stolz auf die Menschheit, was wir Menschen doch für tolle und komplizierte Sachen bauen können. Einfach so. Die Menschheit, die kann was. Tiere könnten sowas nich. Nichmal Delphine, aber wir Menschen, wir können das. Suche nach irgendwas, was mir vom Wecker her vertraut vorkommt. Finde nix. Pech. Hole Schaltplan. Falte Schaltplan auseinander. Betrachte Schaltplan. Vergleiche Schaltplan mit dem Inneren meines Fernsehers. Komme zu dem Schluß, daß das Eine mit dem Anderen nichts zu tun hat. Falte Schaltplan wieder zusammen.

Drehe ein bißchen an der Schraube, die mir am ungefährlichsten vorkommt. Denke: »Vielleicht wars das ja schon, vielleicht hab ich ihn ja schon repariert,« traue mich aber nich, Stecker reinzustecken und zu testen.

Baue alles wieder zusammen und rufe Fachmann an. Wähle eine »Anfahrt und Kostenvoranschlag 5 Mark«- Nummer.

Kriege gesagt: »Fachmann kommt sofort!«

Weiß, daß diese Dienste sehr teuer sind. Will deshalb mithelfen. Schreibe auf einen Zettel »kaputt!!!« und hefte ihn an den Fernseher, damit Fachmann sofort sieht was Sache is und keine Zeit verliert.

Räume dann noch schnell auf. Bin so erzogen. Fachmann kommt. Mault sofort rum, es sei ihm zu unordentlich und schmuddelig bei mir. Ich sollte mal aufräumen. Der Kerl war wahrscheinlich vor seiner Zeit als Fernsehmechaniker-Notdienst, unterwegs als Mutter-Notdienst. So einen Dienst würd ich auch gern mal anrufen.

»Hallo, hallo, ich wohne allein und verwahrlose zusehends, bitte schicken sie mir sofort eine Notfallmutter.«

Er fragt, ob er rauchen darf. Sage ja. Er zündet sich eine Zigarette an und ascht in seine Hosentasche, weil ihm meine Aschenbecher zu schmuddelig sind.

Er fragt: »Warn Se da selber schon dran?«

Sage: »Nöööö, nönööö, nö.«

»Natürlich warn Se da selber schon dran, dit seh ich doch.«

Denke: »Auha.« Sage: »Möönsch, wenn Se das sowieso schon wissen, wieso fragen Se denn noch so blöde.«

Ab jetzt hält er mich für bescheuert.

»Dit is ja eigentlich verboten ne.«

Will sagen: »Ich weiß, aber die Warnung auf der Rückwand war zerkratzt«; sage aber: »Ich weiß, aber ich habe Stimmen aus dem Inneren gehört und wollte gucken, ob jemand in Gefahr ist.«

Ab jetzt hält er mich für gefährlich und das ist gut so. Von nun an ist er still, repariert zügig den Fernseher und drückt sogar seine Zigarette in meinem Aschenbecher aus.

Er zückt Rechnungsblock, ich starre ihn mit wirren Augen an und presse mit bedrohlich, schwerer Stimme: »Na hoffentlich is das nu nich so teuer.«

Er steckt den Rechnungsblock wieder ein, murmelt was von millionstem Kunden und verläßt fluchtartig die Wohnung. Bleibe mit schlechtem Gewissen zurück. Werde irgendwie das Gefühl nicht los, daß er einen ganz falschen Eindruck von mir bekommen hat.

Der Traum

Seit einiger Zeit habe ich immer denselben Traum. Ich liege irgendwo und schlafe. Zu träumen, daß man schläft, ist nicht sehr aufregend. Sicher, es sind oft interessante und exotische Orte, an denen ich rumliege, aber was nützt mir der schönste Ort, wenn ich mir da nur beim Schlafen zugucken kann. Nur wenige Menschen haben das Glück, sich selbst einmal schlafend zu sehen, aber auf Dauer ist dieses Schauspiel doch sehr ermüdend. Deshalb schlafe ich in letzter Zeit vermutlich auch immer länger.

Es heißt, wenn man schläft, spricht das Unterbewußtsein mit einem. Bedeutet das, daß mein Unterbewußtsein vor Wochen eingeschlafen ist und einfach nicht mehr aufwacht. Wovon ist das denn nur so kaputt? Irgendwie beunruhigen mich meine Träume.

Zettelwirtschaft

Wohin ich auch schaute, überall nichts als gelber Sand und schwirrende Hitze. Mein Hals war völlig ausgedorrt, meine Haut brannte und meine Knie waren aufgescheuert vom stundenlangen Kriechen durch den brennend heißen Wüstensand. Plötzlich jedoch erblickte ich genau vor meiner Nase eine Pfütze. Wasser! Ich ließ mich fallen und fuhr mit meiner Zunge lang durch den erfrischenden Quell, aber er war staubtrocken und knirschte zwischen den Zähnen. Sand, nichts als Sand. Verdammt, es war eine Fata Morgana gewesen. Eine ziemlich kleine Fata Morgana, wenn mans recht bedenkt, aber wahrscheinlich war mein Körper schon so schlaff und entkräftet, daß er sogar an den Wahnvorstellungen sparen mußte. Zu einer richtigen Oase reichte es nicht mehr.

Ich kroch weiter und fiel nach vornüber. Ich rappelte mich wieder auf, blickte zurück und sah ein Bett, darin einige Zeitungen und einen feuchten Aschenbecher. Der unangenehme Geschmack in meinem Mund gab mir die Gewißheit, daß er wohl mein Wasserloch gewesen war. Kein guter Morgen. Manchmal wünschte ich mir wirklich, ich könnte mich nicht immer so verdammt genau an meine Träume erinnern.

Auch meine Stirn fühlte sich ungewohnt an. Ich betastete sie und bemerkte, daß an ihr ein Zettel klebte. Ich riß ihn herunter.

»Guten Morgen Horst, die Antworten auf all deine Fragen stehen auf einem weiteren Zettel auf dem Schreibtisch.« Mühsam bewegte ich mich dorthin und las:

»Hallo!, du heißt Horst Evers und bist hier zu Hause. Die ärmlich-geschmacklose Einrichtung deines Zimmers spiegelt relativ genau deine momentane finanzielle Situation und deine gesellschaftliche Stellung wider. Du bist arbeitslos und hast zur Zeit eine einigermaßen schlappe Phase.

P.S.: Für gewöhnlich gehst du nach dem Lesen dieser Mitteilung immer erstmal in die Küche und machst Dir einen Kaffee.«

Ich erinnerte mich. Ich selbst hatte vor ungefähr zwei Monaten diese beiden Zettel geschrieben, um jeden Morgen die zwei Stunden Zeit zu sparen, die ich sonst immer brauchte, um mich an alle diese wichtigen Informationen selbstständig zu erinnern. Wenn ich mehr Geld habe, werde ich jemanden einstellen, der mir diese Zettel vorliest. Das hält die Verwirrung geringer und ermöglicht Rückfragen.

Auf dem Küchentisch stand ein benutzter Teller, auf dem Herd eine übel zugerichtete Pfanne. Mist!, offensichtlich hatte ich wieder im Schlaf gekocht. Das wollte ich doch nicht mehr tun. Von den Lebensmitteln fehlte nichts, außer etwas Salz. Aber verdammt, wo war die Katze? Ach ja. Zu ihrem Glück war sie schon vor Jahren ausgezogen. Vermutlich hatte ich mir also einfach eine Pfanne Salz gebraten und gegessen. Sicher, nicht jedermanns Geschmack, aber ich bin nunmal so erzogen, das gegessen wird, was auf den Tisch kommt, erstrecht, wenn man schläft. Wenigstens konnte ich mir nun das Traumdeuterlexikon sparen.

Ich setzte mich hin und begann nachzudenken. Nach zwei Stunden Nachdenken fiel mir wieder der Kaffee ein. Er war mittlerweile völlig kalt geworden. Kalter Kaffee soll ja angeblich schön machen. Na, da war ich ja mal gespannt. Hastig trank ich die ganze Kanne leer und setzte mich vor den Spiegel. Still sitzen und den Spiegel beobachten, ist ähnlich anstrengend, wie Nachdenken. Als nach einer halben Stunde noch nichts passiert war, fing ich an, den Spiegel zu schminken, hörte aber bald wieder auf, weil es mir irgendwie wie Selbstbetrug vorkam.

Ich heftete einen Zettel an den Spiegel: »Kalter Kaffee macht nicht schön! Du hast das schonmal probiert.« Es ist doch immer ein schönes Gefühl schon einiges an Papierkram erledigt zu haben, bevor man seinen Tag richtig beginnt.

- endet hier.

Alltägliches Pech

Es klingelt. An der Tür. Ich öffne. Ein alter Mann steht davor. Wortlos schleppt er sich an mir vorbei, legt sich auf den Küchentisch und stirbt da. Hätte gerne gefragt, warum er das tut, war aber nicht schlagfertig genug. Zu spät. Werde die Sache am Wochenende klären. Beschließe fürs erste, mir von ihm den Tag nicht vermiesen zu lassen.

Mache Einkaufsliste für wichtige Anschaffungen: Wurst, Brot, ..., Klopapier - fertig. Lese es mir nochmal durch, überlege kurz, schreibe dann nochmal Klopapier auf. Habe immer gern etwas mehr im Haus, falls mal Gäste kommen.

Wieder Türklingel. Wieder alter Mann. Wieder wortloses Vorbeischleppen, auf den Küchentisch legen und sterben. Der erste riecht schon etwas. Bin irritiert. Bemerke potentielle Einschränkung meiner Lebensqualität.

Schon wieder Türklingel. Versperre den Weg zur Küche. Formuliere Satz: »Warum?« Bin etwas enttäuscht über die geringe Buchstabenmenge meines Satzes, habe mich wohl schon zu sehr ans Sparen gewöhnt, bekomme aber trotzdem Antwort. Er sei Komödiant und stehe unmittelbar vor seinem Ableben. Eine magische Kraft führe ihn deshalb zum mit vielen Mythen und Geheimnissen beladenen, unbekannten Komödiantenfriedhof, mein Küchentisch. Denke, da kann man nichts machen und gebe den Weg frei. Überlege, ob ich diesen Umstand als Mietminderungsgrund geltend machen kann.

4. Kontakte zur Außenwelt

Auf dem Amt

Seit gut drei Minuten starrte die Frau am Schalter jetzt schon auf meinen Personalausweis. Endlich schaute sie auf.

»Name?«

»Strobinsky, Horst Strobinsky.«

»Was?«

»Strobinsky, Horst Strobinsky.«

»Hier steht aber Evers, Horst Evers.«

»Was?!, zeigen Sie mal,..., ach so klar, geschrieben wird es Evers, Horst Evers, es spricht sich aber Strobinsky, Horst Strobinsky.«

»Ach. Könnse das buchstabiern?«

»Klar. E-V-E-R-S, Strobinsky, Horst Strobinsky.«

Am Fenster

Es war so gegen Nachmittag. Ich war gerade ziemlich damit beschäftigt, still in der Küche zu sitzen, und nur kraft meiner Gedanken Teewasser zum Kochen zu bringen. Ich sitze häufig still in der Küche und versuche nur kraft meiner Gedanken Wasser heiß zu machen. Wenn man erst einmal damit angefangen hat, kann sowas ja schnell mal den ganzen Tag dauern. Aber man hat wenigstens was zu tun. Das ist wichtig. Den ganzen Tag rumsitzen und nichts tun, das könnt ich gar nicht. Da mach ich mir doch lieber Wasser für Tee heiß.

Plötzlich jedoch hörte ich Geräusche aus meinem Zimmer. Geräusche, wie ich sie noch nie gehört hatte. Etwas ärgerlich beschloß ich, das erst leicht kochende Wasser zu verlassen, und im Zimmer nach dem Rechten zu schauen. Die alte Frau Schmah aus dem dritten Stock stand da auf einer wackligen Trittleiter auf dem Bürgersteig und putzte mein Fenster.

»Tag Herr Evers, lassen Sie sich man nich störn, ich putz nur eben Ihr Fenster, dann bin ich gleich wieder weg. Is ja ordentlich dreckig, ne.«

»Ah ...ja, da is wieder ganz schön was zusammen gekommen in den letzten ...7...Jahren...«

Ich hätte sie gerne gefragt, warum sie mein Fenster putzt, ließ es aber, aus Angst, sie könnte es sich dann selbst auch fragen und mit dem Putzen aufhören. Das mußte ja nicht sein. Ich würde sie lieber in Ruhe lassen und ihr nur ein paar Putztips geben.

»Die Ecken, Frau Schmah, auch die Ecken, schön Ecken schön, Ecken!!«

Trotzdem, einen Grund mußte es haben. Sicher, ich war die letzten Tage sehr durcheinander gewesen, aber war ich so zerstreut gewesen, daß ich etwas mit der alten Schmah angefangen hatte. Daran würd ich mich doch erinnern. Nicht, daß ich noch nie daran gedacht hätte, aber irgendwie macht man es dann ja doch nicht.

»Wissen Sie Herr Evers, ich bekomme nämlich Besuch, aus Bonn, und da möchte ich gerne, daß es hiern bißchen ordentlich aussieht, daß man sich nich schämen muß...«

Ich überlegte, ob mir die Situation peinlich sein sollte, kam aber zu keinem rechten Schluß. Auf einmal wurde mir klar, daß es kein Zufall war, als ich kürzlich 14 Werbezettel einer Gardinen- und Fensterputzfirma in meinem Briefkasten fand. Genausoviel, wie Mietparteien in meinem Haus wohnen.

Frau Schmah war mittlerweile mit der oberen Hälfte des Fensters fertig und begann jetzt mit dem unteren Teil. Erst schwach, aber dann doch immer besser erkannte ich durch den zerfließenden Dreck die Umrisse von 5 bis 6 anderen Mietern meines Hauses, die gespannt dastanden und in mein Fenster starrten. Als sie sahen, daß ich sie erkannte, winkten sie fröhlich und riefen:

»Hallo Herr Evers, wir haben gehört, daß Frau Schmah ihr Fenster putzt und wollten nur mal gucken, wie sie so wohnen!!! Wir sind alle da!!!«

Ich fragte mich, was an der vielbeklagten Anonymität der Großstadt eigentlich so schlimm sein sollte, und warum diese Anonymität überhaupt für alle Stadtteile, überall gilt, außer für den Wedding in Berlin. Egal, die Situation war verfahren genug, jetzt galt es noch das Beste aus ihr zu machen.

»Frau Schmah, ist Ihnen eigentlich klar, daß, wenn die Fenster geputzt sind, man in das Zimmer reingucken kann?«

»Jajjajaa, is doch schön, ne, wir freun uns schon alle drauf.«

»Na, denn gucken Sie sich mal den Teppich an. Glauben Sie der wird Ihrem Besuch aus Bonn gefallen. Ich denke, der müßte auch mal dringend gereinigt werden.«

Ich gab Ihr einen Wohnungsschlüssel, damit sie in Ruhe alles für den Besuch herrichten konnte, zog mir einen Mantel an und ging.

Angst

Ein wichtiges Element solider Polizeiarbeit ist seit jeher der sogenannte Kommissar Zufall. Immer mehr wird er bewußt in die Ermittlungsarbeit der Polizei integriert, und ein erheblicher Prozentsatz aller begangenen Verbrechen wird heute bereits allein deshalb aufgeklärt, weil die ermittelnden Beamten einfach irgendjemanden, der ihnen gerade über den Weg läuft, fragen, ob ers nicht vielleicht war.

Dies kann natürlich auch telefonisch passieren.

»Ja hallo, hier Evers.«

»Ja, schönen guten Tag, hier spricht Hauptkommissar Reibnitz, wir ermitteln gerade in 237 nicht aufgeklärten Delikten aus den letzten 6 Jahren. Herr Evers, ich darf doch Herr Evers sagen, oder? Können Sie mir sagen, wo Sie zwischen dem 19. April 1989 und dem, moment, 23. Mai 1995 waren?«

»Zwischen dem 19. April 89 und dem 23. Mai 95?«

»Ja.«

»Moment, da muß ich nachdenken?«

»Ah ja?«

»Ja, da war ich hier zuhaus und hab ferngesehn.«

»Die ganze Zeit?«

»Ja.«

»Ham sie Zeugen?«

»Äh, nein.«

»Na gut, wir werden ihre Geschichte überprüfen...wiederhören.«

Seit diesem Tag lerne ich alle Fernsehprogramme der letzten sechs Jahre auswendig und lebe in ständiger Angst...

Kufstein

Wenn man Reis mit Chilibohnen, Tomatenmark und Zwiebeln das dritte Mal aufwärmt, entsteht dabei ein warmer roter Brei, der auf den ersten Blick eher eklig wirkt. Das kann man getrost mitschreiben, denn ich weiß das. Seit kurzem sogar ganz genau. Es nützt auch überhaupt nichts, mit einigen Büscheln Petersilie kosmetische Korrekturen vornehmen zu wollen. Weiß ich jetzt auch genau. In so einem Fall hilft nur eiserne essenstechnische Disziplin, weil, vom vierten Aufwärmen wird das ja auch nicht mehr besser. Das Klügste ist, man versucht während des Essens gar nich groß auf den Teller zu gucken. Der menschliche Körper kann ja mehr Dinge essen und verdauen, als man so denkt. Ohne wirklich krank zu werden.

Ich sitze also in der Küche, esse und starre an die Decke. Aus dem Innenhof dröhnt schon seit einer Viertelstunde die Stimme meiner singenden Nachbarin aus dem dritten Stock. Sie singt immer das Kufsteinlied, leider kann sie nur die ersten vier Zeilen: »Kennst du die Perle, die Perle Tirols, das Städtchen Kufstein, das kennst du wohl… Kennst du die Perle, die Perle Tirols…«

Ich versuche sie zu ignorieren, indem ich denke: Der Berliner würde den Brei auf meinem Teller Pampe nennen. Der Berliner hat für alles originelle Extranamen. Pampe, so glaubt der Berliner, hat er erfunden, es sei ein klassisches Gericht der urtypischen Berliner Küche. Darum muß das auch lecker sein. Pampe- Berlin- gut; so denkt der Berliner und deshalb denkt er auch, pampig sein ist was Gutes. Das ist natürlich Quatsch. Tatsächlich wurde die Pampe im spanischen Stierkampfort Pamplona erfunden, wo der Pampelmusenzüchter Pablo Pampo, in einem Pamphlet, die Pampeerfindung publizierte…

Mein Gott, ich denke schon wieder nur Mist. So geht das nicht weiter. Man muß auch ab und zu wieder besser denken, schöner, intelligenter, mehr, schneller. Ob wohl andere Menschen auch manchmal dasitzen und nichts anderes denken, als: Ich muß besser denken, besser denken, besser denken? Stundenlang und ausschließlich? Ich senke meinen Blick. Verdammt, jetzt hab ich doch auf den Teller geguckt. Mir ist schlecht.

Die Nachbarin beginnt eine neue Schleife: »die kennst du wohl, kennst du die Perle…«; ich brülle: »umrahmt von Bergen so friedlich und still, ja das ist Kufstein am grünen Inn, hollijo, hollijo.« Stille. Aus den anderen Wohnungen kommt freundlicher Beifall, die Sängerin erscheint am Fenster und bedankt sich artig.

Still auf Inn zu reimen is ja auch nich grade perfekt, kein korrekter Reim das. Trotzdem ist das Kufsteinlied ein Megahit. Schon komisch, die Welt der Musik, voller Rätsel und Mythen. Heute könnte man mit so einem Reim keinen Blumentopf mehr gewinnen, aber damals hats keiner gemerkt, bis ich kam.

Versuche mich zu zwingen, endlich besser und intelligenter zu denken. Denke über die 8 archetypischen Modelle der Musikrezeption bei Adorno nach. Holla, jetzt denk ich aber auf hohem Niveau. Habe schon ein neuntes Modell entwickelt, der Hörer, der sofort erkennt, wenn ein Reim schief ist. Boarrhh, mal eben im Handumdrehen Adorno verstanden und verbessert. Es geht doch. Rufe in den Innenhof: »Hee, ich hab grade Adorno gezeigt, wo denktechnisch der Hammer hängt, noch Fragen?« Jaaa, der Adorno, der hat auch nur mit Wasser gekocht. Der alte Glatzkopf. Wie der wohl bei Frauen angekommen ist.

Könnte mich im Supermarkt vors Waschmittelregal stellen und warten, bis mich eine Frau anspricht. Gut präpariert ist das eine prima Strategie. Im Einkaufswagen liegen alle wichtigen Hinweise: Tiefkühlkost (ich bin alleinstehend), Südfrüchte (weltoffen), Schokolade (großer Denker), vierlagiges Toilettenpapier (sensibel); und dann vors Waschmittelregal stellen, damit sie gleich sieht: Ah, er is sauber! Frauen mögen ja saubere Männer.

Mist, irgendwie gelingt es mir einfach nicht besser und intelligenter zu denken. Die singende Nachbarin beginnt wieder ihr Lied: »kennst du wohl, kennst du die Perle…«

Sie hat die vier Zeilen schon wieder vergessen. Vermutlich wird das kein guter Tag werden.

- endet da.

Jugendkriminalität

Es klingelt. An der Tür. Ich öffne. Vor der Tür steht ein ungefähr 13-jähriger Junge mit einer Waffe im Anschlag. »Hände hoch, das ist ein Überfall!« Oh Scheiße, denk ich. Wenn man im Wedding im Parterre wohnt, ist es klar, daß man früher oder später überfallen wird. Ist o.k.. Soweit von mir keine Einwände. Aber ein 13-jähriges Kind, das war mir dann doch ziemlich peinlich. »Schnell Junge komm rein, bevor dich einer sieht. Sag mal, macht es dir was aus, wenn ich bei der Polizei angebe, du wärst groß, grobschlächtig und zu fünft gewesen?«

»Machen Sie, wie Sie denken, ich bin zu sehr Profi, um eitel zu sein. Sie sind ja schließlich nicht der Erste.«

»Nich der Erste? Heißt das, diese Bande von fünf großen, grobschlächtigen Männern, die in den letzten drei Wochen 12 alleinstehende Herren überfallen hat? Warst das alles...?«

»Genau. Ich mein, is okay, zwar kein Ruhm, aber wenigstens verdächtigt mich auch keiner. Ich versprech Ihnen, ich verrate niemandem, daß ich Sie überfallen habe.«

»Oh, das ist wirklich sehr nett von Dir. Kann ich dir was anbieten? Limonade oder Milch?«

»Mich interessieren nur Geld und Videos.«

»Geld hab ich keins, aber Videos, laß mal sehn. E.T., Ghostbusters, Hook, Terminator, oh, den kann ich dir nich geben, der is erst ab 16, da könnte deine Seele Schaden nehmen.«

- endet hier.

Gewaltdiskussion

Deutschland. Ein Land lebt in Angst. Täglich nimmt die Gewalt auf den Straßen zu. Erlebnisse, wie das des Bürgers Horst Evers sind keine Seltenheit:

»Es war schon spät nachts. 3 Uhr oder so, ich schaute Fernsehn. Da klopfte es plötzlich an mein Fenster. Ich zog die Jalousien hoch, öffnete und sah einen großen, grobschlächtigen Mann. Er schaute mich böse an und sagte: Ein Menschenleben ist mir überhaupt nichts wert. Oh, dachte ich, jetzt wäre es aber ziemlich gut, wenn dir eine schlagfertige Antwort einfallen würde. In diesem Moment jedoch löste sich ein Blumenkübel vom Balkon eines der höheren Stockwerke und schlug den Mann nieder. Da spürte ich, daß da etwas war, eine höhere Macht, die mich irgendwie beschützt. Um unnötigen Ärger zu vermeiden, klebte ich dem Mann noch einen Zettel an den Kopf: Ich war das nicht!, schloß das Fenster und legte mich schlafen.«

Horst Evers hat Glück gehabt. Erklären aber können wir es nicht.

Wie funktioniert eigentlich die Welt der Mode?

»…und ich sag, 15 Bier kann gar nicht sein, ich hab gestern nur 14 Bier getrunken, das weiß ich zufällig ganz genau, also zahl ich auch nur 14, und er sagt, es waren 15, und ich sag, es waren 14, ich kann es beweisen, wenn ich 15 Bier trinke, schlafe ich immer schon im Flur ein, heute bin ich aber in der Küche aufgewacht, nach 14 Bier schaff ich es immer noch bis zur Küche, da kannste jeden fragen, meine Frau, die Kinder, alle wissen das, wenn Papa in der Küche schläft waren es 14 Bier…«

Ich hörte meinem Gegenüber aufmerksam zu. Nicht, daß es mich interessiert hätte, aber immerhin war er aus meinem Haus. Mir lag daran, mein Verhältnis zu den Leuten aus meinem Haus endlich mal etwas zu verbessern. Die Leute aus meinem Haus mögen mich nicht besonders. Das liegt keinesfalls an mir. Außer, daß ich vielleicht eine Spur zu freundlich bin, kann man mir weddinghausgemeinschaftstechnisch eigentlich nichts vorwerfen. Ab und zu streite ich mich sogar sehr laut mit mir selbst und werfe mit Gegenständen nach mir, um etwas in der Achtung der Hausbewohner zu steigen. Doch es nützt nichts, und das liegt allein am widerlichen kleinen Kläffer der alten Frau Schmah. Bei allem Respekt vor jedweder Kreatur, die Gott, Allah oder meinetwegen auch Buddha geschaffen hat oder selbst ein bißchen mit drin ist; Schmahs Hund ist schon ein äußerst überflüssiges Lebewesen. Er ist sozusagen genau die Laune der Natur, die die Natur gerade hat, wenn ihr die U-Bahn vor der Nase wegfährt. Mittlerweile hat die Töle jeden Mieter aus dem Haus schon mindestens einmal gebissen. Außer mich. Die anderen Mieter wissen das genau, und dafür hassen sie mich. Ich kanns ihnen nicht mal verübeln. Was hab ich nicht schon alles versucht, um auch gebissen zu werden. Ihn ausgeschimpft, so getan, als wollt ich ihn angreifen, so getan, als wollt ich Frau Schmah angreifen, mich in Demutsstellung vor ihm hingelegt, sogar einmal meine Hosenbeine mit Kälberfett eingeschmiert und ihn angeschrien: Faß überflüssige Lebensform, faß bitte, faß!!! Doch das fiese Vieh fasste nie.

So blieb mir also nichts anderes übrig, als hier am Tresen um ein wenig mehr Akzeptanz bei meinen Hausnachbarn zu werben. Immerhin begann er sich schon für mich zu interessieren.

»So. Und Sie, Sie schreiben also?«

»Ja.«

»Hm.«

Ich hatte gerade genug Zeit, mir in meinem Kopf die Antworten auf die drei jetzt üblichen Fragen zurechtzulegen: A. Kann man davon denn leben?, B. Aber Sie haben doch vorher was Vernünftiges gelernt!?, C. Liest das denn auch einer?; als er auch schon wieder anhob:

»Ich nehme das C.«

»Ja natürlich liest das einer, ich.«

»Sie selbst? Aber… Frage A.«

»Schlecht, aber es ist auch mehr so, daß ich das, was ich schreibe, laut anderen Leuten vorlese.«

»Verstehe.«

»Ehrlich?«

Es entstand eine Gesprächspause, in der der Mann offensichtlich heftig darüber nachdachte, was er wohl gefragt haben könnte. Ich versuchte ihn zu erlösen.

»Schön, wie wir hier mal so zusammen sitzen, was?«

»Geht so, naja. Stimmt das eigentlich, daß Sie Schmahs Hund noch nicht gebissen hat?«

Verdammt, fast hätte ich es bei einem Hausbewohner geschafft, ich versuchte abzulenken.

»Ich bin sicher, Sie haben gestern nur 14 Bier getrunk…«

»Hat er Sie gebissen oder nich?«

»Können wir das nich später besprechen?«

»Ich warte auf eine Antwort!«

Plötzlich spürte ich, wie die Blicke sämtlicher Kneipenbesucher auf mich gerichtet waren. So leise wie möglich versuchte ich zu antworten.

»Nein, hat er nich.«

»Was?«

»Nein, hat er nich.«

»Ich kann Sie nicht verstehen!!!«

»Er hat mich nicht gebissen!!!«

Ein Raunen ging durch die Kneipe. Alle krempelten ihre Hosenbeine hoch und präsentierten stolz die Narben, die Schmahs überflüssige Lebensform ihnen zugefügt hatte. Der Wirt warf mir einen verächtlichen Blick zu, schüttete mein Bier in den Ausguß und schnauzte mir ein »Bier is aus« entgegen.

Ich wußte, daß niemand in dieser Kneipe mehr ein Wort mit mir reden würde. Ohne Narbe von Schmahs Hund am Bein gehörte man hier einfach nicht dazu, man blieb auf ewig ein Reisender ohne Heimat.

Es ist wahr, um ihre Zugehörigkeit und persönliche Integrität zu beweisen, haben die Bewohner dieses Teils des Weddings schon vor Jahren, damit man die Narben von Schmahs Hund erkennen kann, sich absichtlich Löcher in die Hosenbeine geschnitten. Sie haben es erfunden. Was damals als mutiges Bekenntnis und regionales Standpunktbeziehen gemeint war, ist heute nur noch ein oberflächlicher modischer Schnickschnack ohne tiefere Bedeutung. Aber so ist sie eben, die Welt der Mode.

Im Baumarkt

Ich habs eilig. Wenn ichs eilig habe, spreche ich nicht immer unbedingt druckreif. Erst recht nicht, wenn ich nicht genau weiß, wie das, was ich haben will, eigentlich heißt. Deshalb bin ich aber noch lange kein Idiot.

Frage einen Verkäufer:

»Entschuldigen Sie, wo haben Sie denn diese weißen Dinger, zum wo man damit die Kabel festmacht?«

»Die was?«

»Na diese weißen Plastikdinger mit nem Nagel drin, zum damit die Kabel an die Fußleisten festnageln zu.«

»Sie meinen Kabelschellen?«

»Ja, Kabelschellen, die mein ich, mir war das Wort entfallen, deshalb bin ich aber noch lange kein Idiot, wo sind die?«

Er lächelt mich überlegen an, und sagt dann genießend:

»Die sind unten bei die Regale, wo die Eisenwaren mit drinne sind, mit bei.«

»Danke.«

Komme bei den Eisenwaren an. Sehe tausende von Schrauben in allen Größen und Stärken, aber keine Kabelschellen. Frage wieder einen Verkäufer:

»Entschuldigen Sie, wo sind denn die Kabelschellen?«

»Die was?«

»Die Kabelschellen.«

»Ah, Sie meinen diese weißen Dinger, zum die Kabel damit an die Fußleisten festmachen mit?«

»Ich sehe wir verstehen uns.«

»Die sind da vorne.«

Er zeigt auf irgendwelche Schrauben und verschwindet. Ich suche noch zehn Minuten nach den Kabelschellen, finde nix. Weitere zehn Minuten nach noch einem Verkäufer, wieder nix. Wahrscheinlich verstecken sie sich vor mir. In diesem Baumarkt bin ich jetzt als notorischer Nachfrager bekannt. Hier wird sich nie wieder ein Verkäufer näher als zehn Meter an mich ranwagen.

Gehe zur Kasse. Nach gut zwei Stunden kommt ein Kunde mit Kabelschellen im Korb. Lasse mir von ihm den Weg beschreiben. Trage rund 50 Packungen Kabelschellen in die Eisenwarenabteilung und schütte sie auf die Schrauben, um Ordnung zu schaffen. Kaufe selbst 4 Päckchen, damit ich nie wieder danach fragen muß.

Der Käfer

Ich mag den Frühling. Der Frühling ist die einzige Jahreszeit, in der ich meine prinzipielle, ganzjährige Schlappheit, Frühjahrsmüdigkeit nennen darf. Frühjahrsmüdigkeit ist wissenschaftlich bewiesen. Wer sich im Frühling frisch und fit fühlt, lebt mit der Natur nicht im Einklang. Jetzt in dieser Zeit sind wir Schlappen, Kaputten es, die richtig fühlen, normal, natürlich, sozusagen gut drauf sind.

Ich saß also im Küchensessel und befand mich mit der Natur in Einklang, soll heißen, ich konzentrierte mich aufs Müdewerden. Plötzlich jedoch merkte ich, wie etwas meine Konzentration störte. Irgendwas raschelte da im Küchenregal. Zielsicher griff ich zur Kaffeedose und fiel nach vornüber. Es wäre besser gewesen, wenn du vorher noch einen Schritt Richtung Regal gemacht hättest, dachte ich, als ich mich am Kühlschrank wieder hochzog. Aber hinterher ist man immer schlauer.

Neben der Kaffeedose krabbelte ein kleiner hellbrauner Käfer herum und rollte ein noch viel kleineres Stück Brot vor sich her. Schlagartig verfiel ich völlig unabsichtlich in eine Art relativer Debilität, ganz ähnlich der, die frischgebackene Eltern in aller Regel befällt:

»Ooooh, kleiner Käfer, krabbelt da, ja krabbelt da, mmmmmmhhhhhh, krabbel krabbel krabbel, och is der süß, ganz der Vater, rollt Brotkrümel, schläft, ißt und stirbt irgendwann, genau wie ich, jaaaa...«

Wahrscheinlich war ich einfach zu lange allein gewesen. Ich betrachtete den Käfer und meinte zu spüren, wie ich mich verwandelte. Mich fröstelte. Aber Gott sei Dank fiel mir noch ein, daß sich Geschichte nie wiederholt, auch Literaturgeschichte nicht.

Der Käfer hatte in der Zwischenzeit aus den Brotkrümeln ein eigenartiges Gebilde geformt. Ich drehte den Kopf und ja, da stand: Hilfe! in Brotkrümeln.

Erstaunlich. Der Käfer bemerkte mein Interesse und begann sofort weitere Wörter, ja einen ganzen Satz zu rollen. Es dauerte eine Weile, aber dann konnte ich deutlich lesen:

»Hallo, küß mich, ich bin eine verzauberte Fabrikantentochter. Wenn Du mich von Herzen liebst und küßt, werde ich vom Fluch meines neidischen Bruders erlöst, wir können heiraten und werden in unermeßlichem Reichtum leben.«

Ich war skeptisch. Was, wenn der Käfer mich anschwindelte und hinterm nächsten Salzstreuer seine Kumpel nur darauf warten würden, daß ich auf diesen miesen Trick hereinfallen würde. Ich würde zum Gespött des ganzen Ungeziefers meiner Küche werden. Aber andererseits, wenn er recht hätte, wär schon schön. Ich beschloß ihn zu küssen, beugte mich herunter, verlor das Gleichgewicht, schlug mit der Stirn aufs Regalbrett, und dort, wo eben noch der muntere Käfer krabbelte, war nur noch ein etwas breiterer, hellbrauner Fleck.

Erschrocken schaute ich hinter den Salzstreuer. Keine Kumpel, der Käfer hatte die Wahrheit gerollt. Pech.

Ich versuchte den braunen Brei wieder zusammenzuschieben und einen Käfer daraus zu modellieren. Aber sooft ich auch die kleinen Beinchen zurück in die unförmige Masse schob, sie wollten einfach nicht richtig halten. Auch nicht mit Uhu oder Gummibändern. Der Käfer war einfach nicht mehr der, als den ich ihn kennengelernt hatte. Er wirkte auf einmal so träge, irgendwie matschig.

Tja, ich habe meine große Chance vertan. Deshalb mein Rat an alle, die jetzt oder im nächsten Frühjahr wieder vermehrt Käfer und anderes Ungeziefer in ihrer Küche vorfinden. Erstmal alles küssen, man kann nie wissen. Und wenn denn nix is, kann man ja immernoch mit der Stirn draufschlagen.

5. Ausflüge

Warum Urlaub?

Dieser ständige Druck, dieser ständige Streß, er macht mich verrückt. Ich mach da nich mehr mit. Jedes Jahr diese Nachdenkerei, wohin ich in Urlaub, zum mich erholen fahren soll. Wozu wegfahren? Ich hab ein Sofa, ich weiß, wo ich mich erholen kann. Urlaub ist doch nur für Leute, die kein eigenes Sofa haben, die ihren Tag nicht richtig organisieren können. Ich gönne meinem Körper auch so genügend von den dringend notwendigen ständigen Erholungsphasen, nach dem Aufstehen, nach dem Kaffeekochen, nach dem Mittagsschlaf, braucht der Körper immer seine kurze Erholungsphase nach, also meiner zumindest.

Früher war es mir immer peinlich, wenn alle von ihrem Urlaub erzählt haben, und ich als einziger nicht weg war. Ich hab mir dann einfach einen Urlaubsort ausgedacht und so getan, als wär ich da gewesen. Das ging eigentlich ganz gut:

»Horst, wo warst'n Du dieses Jahr in Urlaub?«

»Ich, ichichich, ich, jaaa, ich äh, ja, ich, ich war innnn... Rom. Ich war in Rom, ja, da war ich.«

»Und, wie wars so?«

»Ja, war schön, war soo... italienisch, war schön.«

»Und, wo haste gewohnt?«

»Na da, na da, na da, am Petersplatz!«

»Am Petersplatz?«

»Mhhmm.«

»Na, das war aber teuer, ne?«

»Ach Du. Das ging eigentlich, war gar nicht, ging.«

»Und, wo genau hast Du da gewohnt?«

»Ja, brrrrhh, ja, wenn Du da so gerade auf den Platz kommst, einfach geradezu, das große Haus, da hab ich gewohnt.«

»Das große Haus?«

»Ja, da hab ich gewohnt.«

»Das ist doch der Petersdom.«

»Ach? Jaja, ich äh, ich, ich ich äh, ich hab im Petersdom gewohnt. War ganz schön. Die haben da son paar Zimmer, ne, eigentlich vermieten sie die nicht, aber in der Saison, ne, ist nicht leicht ranzukommen, die machen das gar nicht öffentlich, aber ich kenn da son paar Leute.«

»Was hast Du denn mit der katholischen Kirche zu tun, Du bist doch evangelisch?«

»Ja, die Katholen wollten mich mit dem Angebot werben, weil, weil, weil, ach hab ich die ganze Zeit Rom gesagt, ich war ja gar nicht in Rom, ich war eigentlich innnn... London, ja, ich war in London, verwechsel ich immer, die beiden Städte, hehe.«

So gelang es mir also durch selbstbewußtes Auftreten und geschickte Gesprächsführung, immer zu verheimlichen, daß ich nur in Berlin war, auch wenn mir mein Gesprächspartner nicht recht glauben wollte, daß ich in London im Big Ben gewohnt habe.

Nie aus Berlin rauszukommen ist für mich kein Problem, der schönste Urlaubsplatz, ist für mich der eigene Balkon. Leider habe ich keinen Balkon, das ist ein Problem. Was gibt es denn schon auf der Welt, was es in Berlin nicht gibt. Jetzt außer dem Petersdom mal. Nichts, absolut nichts. Alles gibt es auch in Berlin, nur daß es hier noch viel schöner und größer ist.

Und wenn mich dann doch einmal das Fernweh packt, dann koch ich mich einfach in ferne Länder. Wenn ich denke, ich müßte jetzt doch mal nach Dehli, L.A. oder Buènos Aires, hänge ich einfach ein großes Bild von der jeweiligen Stadt in meine Küche, lege eine Platte mit landesüblicher Musik auf, und mach mir ein Wiener Schnitzel, das gibt es überall. Mal ehrlich, wozu Berlin verlassen, wenn ich zuhause Lieferzettel von Außer-Haus-Restaurants von insgesamt 17 verschiedenen Nationalitäten habe. Im Urlaub hab ich doch nicht mal ein eigenes Telefon, mit dem ich mir das einheimische Essen bestellen kann. Da mußte jeden Tag raus, ob Sonne, ob Regen, ganz egal, damit du nich verhungerst, weil ne Küche haste ja auch nich. Und das soll dann Erholung sein. Klar, man kann sagen, Urlaub ist ja nich bloß essen. Kann man sagen, klar. Aber wenn mir das Essen nicht schmeckt, kann das Wetter noch so schön sein, das is mir nix. Um schlechtes Essen zu bekommen, muß man doch nu wirklich nich aus Berlin rausfahrn. Da kenn ich auch hier einige gute Adressen, und sonst kann ich ja immernoch selber kochen. Ich sag immer: Den Magen verderben kann ich mir auch zuhause. Nee, wenn ich Urlaub mache, dann aber ohne wegfahren.

Stadtführer

Gerade am Sonntag ist Berlin und speziell Mitte mittlerweile zu einem einzigen Stadtrundgang geworden.

Aber man kann auch aus der Not verstopfter Bürgersteige, eine die Seele befreiende, lebensfrohe Tugend machen.

Mir macht es zum Beispiel in letzter Zeit immer mehr Spaß, beim Vorbeigehen an solch einer Gruppe, kurz stehenzubleiben, ein wenig zuzuhören, laut und vernehmlich zu sagen: »Aber, das stimmt doch gar nicht!«, und dann zügig, kopfschüttelnd weiterzugehen.

Sicher, nicht ganz nett, aber ich finde es tatsächlich jedesmal wieder lustig. Es bringt immer etwas Leben und Unruhe in die Gruppe, und ich hab für 5 Minuten gute Laune. Wenn man in Berlin die richtigen Ecken kennt, kann man sich so einen wirklich schönen Tag machen.

Drogen jenseits des Mainstreams

Viel wird über immer neue Modedrogen berichtet. Quasi jedes verunglückte Experiment eines Chemielaboranten findet mittlerweile seinen Weg in die Technohöhlen und Tanzkurse der Hauptstadt. Was jedoch ist mit den Drogen jenseits des Mainstreams? Sind diese harmloser oder womöglich noch viel gefährlicher als die bekannten Stimmungsmacher. Zwei erschütternde Beispiele sollten uns zu denken geben. Da ist zum einen Manfred M.:

»Ich wohne in Schmargendorf. Seit ich denken kann, die ganzen Jahre davor aber wahrscheinlich auch schon. Ich fands schön da. Ruhig, friedlich. Aber irgendwann hats mich einfach gepackt. Ich wollte Abenteuer, Nervenkitzel, Todesnähe, den Adrenalinrausch.

Ich ging also zum Reichelt in der Mecklenburgischen Straße, am Samstag, gegen Mittag, da wo die Schlange an der Käsetheke am längsten ist. Stellte mich vor die Käsefrau, hinter mir waren vielleicht 10-15 Leute und sagte: »Ooooooch, was nehm ich denn mal, sieht ja alles so lecker aus, ich kann mich gar nicht entscheiden. Erstmal überlegen.« Dann sagte ich 2 Minuten gar nichts. Stand nur so da. Die Leute hinter mir, mittlerweile waren es rund 25, wurden unruhig, bekamen richtig schlechte Laune, fingen an über mich zu schimpfen, einige stießen mich schon mit ihren Einkaufswagen, es brodelte. Das war die Stimmung, die ich wollte. Ich erhob die Stimme und sagte: »Ooooch, geben Sie mir einfach 10 Gramm von jeder Sorte.«

Noch nie habe ich mich dem Tod so nahe gefühlt. Schon nach zwei Monaten konnte ich wieder feste Nahrung zu mir nehmen. Aber ich war jetzt süchtig nach dem Kick, dem Adrenalinrausch, dem Todeskitzel. Alles hätte ich dafür getan. Im Bus mittem Hunderter bezahlen, auf dem Postamt die Zacken an den Briefmarken nachzählen, in der Weddinger Kneipe Seeturm einen Kräutertee bestellen. Gefahr war jetzt mein zweiter Vorname. Die

Krankenkasse hat mich längst rausgeschmissen, weil ich ständig wieder zusammengeflickt werden muß. Mein Körper besteht mittlerweile zu 90% aus Implataten und Ersatzteilen. Aber ich kann einfach nicht aufhören. Für Morgen habe ich mir einen Dudelsack mit 500Watt-Verstärker besorgt. Ich glaube, ich werde mich mal als U-Bahn-Musikant versuchen.«

Noch ärger als Manfred M. hat es unsere zweite Beispielperson erwischt. Den charmanten, attraktiven, gutgekleideten 24jährigen Horst E. (Alter und Aussehen von der Redaktion geändert). Doch hinter der äußeren Fassade des Musterschwiegersohns lauert ein furchtbares Geheimnis:

»Ich weiß gar nicht, wie ich es sagen soll. Ich bin, ich bin, also ich bin süchtig nach: Wenn der Bus kommt! So jetzt isses raus. Mein erster Bus war der 126er. Damals hieß er noch 26er und fuhr vom Mierendorffplatz zur Bornholmer Brücke. Es war Winter, arschkalt und schneite. Ich stand an der Haltestelle See Ecke Amrumer und dachte nur: »Mann, is das kalt, wann komm denn endlich der scheiß Bus, müßte längst hier sein«, und als ich gerade dachte, so jetzt muß ich erfrieren, da kam der Bus. Groß und gelb leuchtete er auf. Und ich war nur noch glücklich, so unbeschreiblich glücklich, ich fühlte in mir nichts als eine riesige Freude. Von diesem Moment an war ich süchtig nach: Wenn der Bus kommt!

Heute bin ich oft Stunden, ja tagelang unterwegs. Ich fahr immer eine Station, steige aus und warte auf den nächsten Bus. Mein längster Trip waren mal zweieinhalb Monate. Das waren der 135er, der 154er und der 189er, von Kladow nach Adlershof.«

Horst E. ist kein Einzelfall. Tagtäglich warten Tausende von süchtigen Berlinern an ihren Haltestellen auf den nächsten Bus. Horst E.s Lebensgefährtin, Mutter von zwei Kindern, ist verzweifelt:

»Die Kinder fragen oft, wo is Papa. Und dann muß ich sie anlügen. Ich sage dann: der ist in der Kneipe und besäuft sich. Ich kann ihnen doch nicht sagen, der ist bussüchtig, das würden sie doch nicht verstehn.«

Hauptdealer und Nutznießer dieser Sucht ist die BVG. Erst vor kurzem hat sie wieder beschlossen die Warte- und Taktzeiten zu verlängern, um die Abhängigkeit der Bussüchtigen zu verstärken.

Horst E.: »Ein Einzelfahrschein zu dreisechzig reicht für sechs Trips. Klar wäre eine Monatsfahrkarte günstiger. Aber wenn de erstmal auf Monatskarte bist, kommste da nie wieder runter.«

Wohin die Fahrscheineinnahmen, diese Millionen schmutzigen Geldes der BVG gehen, ist unklar. In die Schweiz? Nach Südamerika? Man munkelt von gigantischen, bizarren Festen der BVG-Oberen in ihren geheimen, schwerbewachten Grunewaldvillen. Mit goldenen Bussen, die dort alle fünf Minuten durch den Garten fahren, aber bewiesen ist nichts. Wir bleiben dran.

Nächstes Mal: Geld macht nicht glücklich, aber reich!

Neukölln-Wedding - Ein Reisebericht

Dienstagnacht, 2. 21 Uhr, Kneipe Syndikat in Neukölln, es ist heiß, die schwüle, von Alkoholdünsten und Zigarettenrauch geschwängerte Luft wabert, meine Frisur hält. 2. 27 Uhr, letzter Toilettengang, es ist kühler, Urindämpfe, die Toilettenspülung sorgt für einen frischen Wind, die Frisur hält. 2. 32 Uhr, draußen, es ist kalt, Nieselregen, es riecht nach Ofenheizung, die Frisur hält, dank 3-Millimeter-Schneider.

Ich gehe zur Hermannstraße. In 25 Minuten kommt der nächste Nachtbus, fürs Taxi reicht das Geld nicht mehr, ein Fußmarsch von Neukölln in den Wedding, durch rauhes, unwägbares Gelände, würde eine perfekte Ausrüstung erfordern und grob geschätzt ein halbes Jahr dauern. Meine Lage ist verzweifelt. Hinzu kommt meine Furcht vor den nächtlich umherstreifenden, wilden Tieren in der unzivilisierten Steppe Neuköllns. Eingeborene, so sagt man, können hier tagelang ohne einen Tropfen Wasser überleben. Ich als Fremder jedoch bin der Wildnis schutzlos ausgeliefert. Drei Einheimische kommen aus einer anderen Kneipe und pirschen sich in Schlangenlinien an mich heran. Vermutlich haben sie bereits meinen Geruch in der Nase. Sie sehen hungrig aus. Ich muß hier weg. Sofort. Aber wie? An der roten Ampel neben mir kommt ein Wagen zum stehen. Die Beifahrertür ist offen. Kurz entschlossen steige ich ein und höre mich sagen: »Ich bin Poooiiiizist, folgen Sie dem Wagen da vorne.« Schon vor einiger Zeit ist mir aufgefallen, daß der Satz, ich bin Publizist, schnoddrig gesprochen, auch anders verstanden werden kann. Eine glückliche Fügung, denn auf keinen Fall hätte ich den jungen Mann am Steuer anlügen wollen, wenn er mich falsch versteht, ist das nicht meine Schuld. Rasant fährt der junge Bursche an, und ich hoffe, daß der weiße Toyota, eine Ampel entfernt, möglichst lange Richtung Wedding fährt. Mein Fahrer ist hellauf begeistert von seiner Aufgabe, brettert los als gäbs kein Morgen und droht den Toyota in nullkommanix einzuholen. Ich muß reagieren. »Halten Sie bitte Abstand, er soll nicht merken, daß wir ihn verfolgen.« Der jugendliche Schnauzbart bremst scharf und beginnt unauffällig zu pfeifen.

Er ist wirklich voll bei der Sache und entwickelt eigene Ideen. Ich beschließe ihn zu belohnen und ein wenig aufzumuntern:

»Sie machen das verdammt gut. Fast wie Profi. Haben Sie sowas schon öfter gemacht?«

»Äh, nein, das ist einfach so Begabung, ich weiß auch nich.«

»Ach hörn Sie auf. Ehrlich? Merkt man überhaupt nicht. Jemanden wie Sie könnte ich häufiger nachts brauchen. Haben sie schonmal überlegt das beruflich zu machen?«

»Äh, nein, eigentlich...«

»Is ja auch egal. Aber wo Sie mir so sehr helfen, kann ich ja vielleicht auch was für Sie tun. Haben Sie irgendwelche Verfahren anhängig, unbezahlte Strafzettel, oder so?«

»Naja, ich hab tatsächlich da gestern so'n Ticket wegen Falschparken bekommen.«

»Wissen Sie was, geben Sie mir einfach den Strafzettel, und ich zerreiß den für Sie!«

»Ach? Das können Sie?«

»Klar, ist überhaupt kein Problem.«

Er gibt mir den Strafzettel und ich zerreiße ihn. War tatsächlich ganz einfach. Mist, der Toyota ordnet sich an der nächsten Ampel rechts ein. Ich muß wieder reagieren.

»Sagen sie mal, haben die da nich eben aus dem Toyota was in den roten Golf geworfen?«

»Äh, ich weiß nicht...«

»Na, nu erzählen Sie mir aber nich', daß Sie das nicht gesehn haben, so'n aufgeweckter Bursche wie Sie.«

»Naja, ich glaub schon, da könnte was gewesen sein.«

»Na sehen Sie, wußt ichs doch, wir fahren jetzt dem roten Golf hinterher.«

»Meinen Sie?«

»Ja klar, Mensch Gott sei Dank haben Sie's gesehn. Ich hab das nämlich gar nich richtig mitgekriegt.«

»Äh wissen Sie...«

»Ah, lassen Sie nur, nur nich so bescheiden.«

»Sagen Sie mal, warum verfolgen wir diesen Wagen eigentlich?«

»Au, das darf ich Ihnen nicht sagen! Das könnte dann gefährlich für mich werden. Und glauben Sie mir, auch für Sie ist es besser, wenn Sie die Wahrheit nicht wissen. Ich glaube, sie würden sich damit nicht gut fühlen.«

»Verstehe, streng geheim!«

»Genau. Da am Leopoldplatz können Sie mich übrigens rauslassen.«

»Wieso?«

»Ich glaube, es ist nie etwas aus dem Toyota in den Golf geworfen worden. Sie haben es verbockt. Verdammt, warum haben Sie mich angelogen?«

»Ich, äh ich...«

»Menschmenschmensch, eigentlich müßte ich ja jetzt ne Meldung schreiben, aber ich will mal nich so sein. Geben Sie mir einfach 20 Mark für ihren Strafzettel und wir vergessen das Ganze.«

»Und dann krieg ich keinen Ärger?«

»Wenn Sie niemandem von der Sache erzählen, kommen Sie mit nem blauen Auge davon.«

»Na gut.«

Er gibt mir 20 Mark, ich steige aus und bin wohlbehalten im schönen Wedding zurück.

Epilog

Monika - In der neuen Wohnung

Dienstagmorgen 5.30Uhr. Das Telefon klingelt. Ich schrecke auf. Telefon, um diese Zeit, das muß wichtig sein. Ich springe aus dem Bett und haste zum Telefon. Das heißt: Genau genommen renne ich ins Zimmer, laufe mit rudernden Armen auf und ab und schreie: »Wo is denn das scheiß Ding, verdammt, muß doch irgendwo sein, wo isses denn?« Ich muß sehr laut geschrien haben, denn jetzt brüllts aus der Nachbarwohnung:

»Unter den Zeitungen, wie immer Du Idiot!«

»Ah ja, danke.«

»Keine Ursache.«

Die Wände in der neuen Wohnung sind eher dünn, obwohl durchgucken kann man nicht, auch nicht so schemenhaft, das is ja schon ganz gut, von wegen Privatssphäre, obwohl interessieren würds mich manchmal schon, aber egal.

Ich greife unter die Zeitungen, ertaste einen telefonhörerähnlichen Gegenstand, reiße ihn mir ans Ohr und zertrümmere eine Vase an meinem Kopf. Versuche mir zu merken, nie wieder Vasen kaufen, die sich so ähnlich anfühlen, wie Telefonhörer, und wenn doch, nie unter die Zeitungen legen, ist auch nich gut für die Blumen.

Um weitere Schmerzen zu vermeiden, entscheide ich mich jetzt für die Kabeltechnik. Greife das Telefonkabel und ziehe solange, bis das Telefon zum Vorschein kommt. Das klappt. Unter dem Stapel mit der Dreckwäsche rührt sich was. Da ist es. Klopfe noch schnell an die Nachbarwand:

»Ey Mann, war gar nicht unter den Zeitungen, war unter der Wäsche, Du Blödkopp!«

»Tschuldigung!«

»Jaja, schon gut.«

und hebe ab. Das Telefon.

»Hallo, hier is nochmal Monika, ich wollt Dir nur sagen, es ist endgültig aus zwischen uns.«

Ehe ich etwas sagen kann, legt sie auf. Ich kenne keine Monika. Von daher sollte mich dieser Verlust eigentlich nicht zu sehr treffen. Obwohl, wie sehr man jemanden mag, merkt man ja immer erst, wenn man ihn verliert. Die Nachbarwohnung meldet sich nochmal.

»Wer war denn dran?«

»Monika.«

»Wer issn dis?«

»Keine Ahnung, aber sie hat mit mir Schluß gemacht.«

»Ohh. Kommste damit klar, oder soll ich rüberkommen?«

»Du warst doch noch nie hier in der Wohnung.«

»Stimmt auch wieder. Na denn, versuch ich noch ne Mütze Schlaf zu nehmen, wa?«

»Okay.«

Für mich jedoch ist an Schlaf nicht mehr zu denken. Monika. Verdammt, was war mit uns beiden nur schief gelaufen. Ich glaube, wir hatten einfach zu wenig Zeit füreinander. 5 Sekunden, darauf kann man keine wirkliche innige Beziehung aufbauen. Zumindest keine, die tiefer dringt, als die erste stürmische Leidenschaft. Ich blicke auf die zerbrochene Vase, sie ist die einzige Erinnerung die mir bleibt, an Monika, ein weiteres gebrochenes Herz in dieser schier endlosen Kette. Mensch Horst, denke ich, Du bist schon ein Schwerenöter und schnitze eine weitere Kerbe in meinen Schreibtisch.

Nachwort

Aufgrund einer tragischen Verkettung unglücklicher Umstände war ich neulich gezwungen, innerhalb von vier Wochen an ungefähr 17 Umzügen teilzunehmen. Ich bin nunmehr also zu dem Schluß gekommen, daß sich alle Umzüge auf der Welt letztlich auf drei Idealtypen reduzieren lassen.

Typ 1: Die alleinerziehende Mutter
– Wohnungen in den letzten zehn Jahren: eine.
– Umzugsgrund: Das pubertierende Kind will nicht mehr im Durchgangszimmer schlafen.
– Umzugsauto: Ein Pritschenwagen vom Verleih.
– Umzugsgut: Vier Stühle, Küchentisch, Regale, Matratzen, Kleiderschrank. Auf Umzugskartons prima gleichmäßig verteilt: Töpfe, Geschirr, Klamotten, Spielzeug. Eine große, wohlgenährte Yuccapalme und eine Tüte mit drei Büchern: ›Sofies Welt‹, ›Wenn Frauen zu sehr lieben‹, ›Dein Recht als Sozialhilfeempfänger‹.
– Umzugshelfer: Zehn Freundinnen und Freunde. Für die schweren Sachen zwei Studenten von der Tusma á 12 Mark die Stunde. Die schweren Sachen werden als letzte ein- und als erste ausgeladen.
– Im Treppenhaus wird eine Kette gebildet, dann geht's ratzbatz.
– Umzugsdauer: zwei Stunden, für die Tusma-Studis leider nur eine Stunde.

Typ 2: Der Spät-Hippi
– WGs in den letzten zehn Jahren: siebzehn.
– Umzugsgrund: Mal neue Leute kennenlernen.
– Umzugsauto: Ein zwanzig Jahre alter VW-Bus mit kaputter Heckklappe, der gerade eben erst fast pünktlich aus Portugal zurückgekommen ist.
– Umzugsgut: Bongos (»Ey, das' keine Bongo, das 'ne Djembe!«), eine alte Nähmaschine, eine ramponierte Pflanze von unbestimmbarer Art, ein Einmachglas voller losem Pfefferminztee (»Ey, das' kein Pfefferminztee, das'

mein Gras!«). Eine große afrikanische Maske aus einer Art Bleiholz, Stereoanlage, Boxen, Schallplatten, Plakate, verschiedene hölzerne Gegenstände von ganz und gar unbestimmbarem Zweck. Ein Schreibtisch (»Der's schön, was?«) von ca. 150 Kilo. Alles wird, einer unbestimmbaren Logik folgend, möglichst einzeln in den VW-Bus gestopft.

– Umzugshelfer: Von zehn Leuten, die zugesagt haben, sind drei da. Die alleinerziehende Mutter macht sich allerdings vom Acker, als nach zwei Stunden der VW-Bus immer noch nicht aus Portugal zurück ist.

– Kettenbildung im Treppenhaus wg. unbestimmbarer Vorbehalte gegen rationelle Arbeitsabläufe nicht durchsetzbar.

– Umzugsdauer: sieben Stunden.

Typ 3: Der gewohnheitsmäßige Junggeselle

– Wohnungen in den letzten zehn Jahren: eine.

– Umzugsgrund: Um weiter ohne größere gesundheitliche Beeinträchtigung in der alten Wohnung leben zu können, müßte die eigentlich mal dringend sauber gemacht werden.

– Umzugsautos: zwei Pritschen, zwei VW-Passat, ein alter Volvo.

– Umzugsgut: Weil er's »einfach nich mehr geschafft« hat, vorher auszusortieren, geschweige denn zur BSR zu fahren, praktisch alles was so rumliegt. Ein Bett, eine neue Matratze, eine alte Matratze mit »bißchen Schimmel«, achtundzwanzig einzelne Regalbretter. Eine Pfanne, ein Teller, ein Löffel, eine Tasse. Ein Topf mit drei Wochen alter Pampe drin. Ein Sack Unterhosen mit der kryptischen Aufschrift »Kateg. IV«, fünfzig Paar weiße Socken und weitere Klamotten, die ›Humana‹ nicht haben wollte. Ein Bananenkarton voller Bücher, zehn Bananenkartons voller Videokassetten. Videorecorder, Fernseher mit Zettel dran: »Wichtig! Immer zugänglich halten! Nicht zustellen!!!«

– Umzugshelfer: Zehn Personen, darunter drei Hippies, die womöglich alles mögliche brauchen können.

– Umzugsdauer: Ganze zwölf Stunden, weil erstens fünf Stunden lang nicht klar ist, was Müll ist, was die Hippies brauchen können und was in die neue Wohnung muß. Und weil man zweitens, »liegt ja aufm Weg«, auf dem Weg vom Wedding nach Kreuzberg noch bei drei Hippi-Wohnungen in Mitte, Prenzlauer Berg und Spandau vorbeifahren muß, um Zeug abzuladen.

So also kam, gelangte, nein: geriet Horst Evers in die Wrangelstraße. Nun sitzt der in in die Welt Geworfene erschöpft vom schieren Dasein wieder an seinem Komödiantenfriedhofsküchentisch. Und jeden, der sich dort zum Sterben niederlegen will, fragt er mit großen Augen: »Woher kommen wir? Wohin gehen wir? Muß ich da mit?« Es gibt bisher keinen, der sich daraufhin nicht eines Besseren besonnen hätte.

Bov Bjerg

Zu den Texten

Alltägliches Pech: Mai 1994,
uraufgeführt: 5/94, als Teil des Textes: 1 Jahr Arbeitslos, Café Paz

Am Fenster: Februar 1995,
uraufgeführt: 2/95, Chamäleon

An einem Morgen wie jeder andere (1): November 1995,
ursprünglicher Titel: An einem Morgen, wie jeder andere 7,
uraufgeführt: 11/95, Café Paz

An einem Morgen wie jeder andere (2): März 1993,
als Teil des Textes »Bowling« uraufgeführt: 4/1993, Café Paz

Angst: April 1995,
ursprünglicher Titel: Ermittlungsarbeit,
uraufgeführt: 4/95, Chamäleon

Auf dem Amt: Februar 1992,
uraufgeführt: 2/92, Mulack 23

Auf dem Leopoldplatz (1): November 1994,
uraufgeführt: 11/94, Café Paz

Auf dem Leopoldplatz (2): November 1994,
uraufgeführt: 12/94, Café Paz

Der Käfer: Mai 1992,
uraufgeführt: 5/92, Café Paz,
grundlegend überarbeitet, stark gekürzt und mit völlig neuem Schluß
versehen im April 96,
Wiederaufführung in der vorliegenden Fassung, unter dem Titel: »Der
Ratgeber«, 5/96, Schlot;
Wettbewerbstext beim Gewinn des
Th. W. Adorno-Ähnlichkeitswettbewerbes 1996,
zusammen mit Bov Bjerg

Der Tag, an dem meine schlimmste Angst wahr wurde: Dezember 1995,
uraufgeführt: 12/95, Café Paz

Der Traum: Oktober 1995,
uraufgeführt: 5/95, Café Paz

Drogen jenseits des Mainstreams: April 1997,
uraufgeführt: 4/97, als Szene »Boulevardmagazin EGAL«,
mit B. Bjerg und Manfred Maurenbrecher im Schlot

Gaffa: Dezember 1994,
ursprünglicher Titel: »An einem Morgen, wie jeder andere (5)«,
uraufgeführt: 12/94, Café Paz

Gewaltdiskussion: Oktober 1993,
uraufgeführt: 10/93, als Teil des Textes »Hirnflimmern«, Café Paz

Hausputz 1-4: November 1996,
uraufgeführt: 11/96, als Teile des Textes »Operation Hausputz«, Kalkscheune

Im Baumarkt: April 1997,
uraufgeführt: 4/97, Kalkscheune

Im Nachtbus: Mai 1995,
uraufgeführt: 4/95, BKA-Zelt, bei der ersten Aufführung noch ohne
Text, nur frei, als gerade erlebt nacherzählt

Jugendkriminalität: März 1996,
uraufgeführt: 5/96, Café Paz

Kompressor: Dezember 1995,
ursprünglicher Titel: »An einem Morgen, wie jeder andere (9)«,
uraufgeführt: 12/95, Café Paz

Woran man unweigerlich merkt, daß man älter wird
(Konserven): September 1995,
uraufgeführt: 9/95, Café Paz

Kriminalgeschichte: Oktober 1992,
uraufgeführt: 10/92, Café Paz

Kufstein: September 1995,
ursprünglicher Titel: »Wie mein Leben endlich einen Sinn bekam«,
uraufgeführt: 9/95, Café Paz

Lethargie: Oktober 1993,
uraufgeführt: 10/93, als Teil des Textes »Hirnflimmern«, Café Paz

Monika: Mai 1997,
ursprünglicher Titel: »Love-Story-Tragödie«,
uraufgeführt: 5/97, Kalkscheune

Muller: August 1991,
uraufgeführt: 8/91, Café Paz

Nachwort: November 1997, von Bov Bjerg,
besteht zum größten Teil aus dem Text »Umzüge«, von Bov Bjerg,
uraufgeführt: 3/97, »Reformbühne Heim und Welt« Schokoladen

Neukölln-Wedding: November 1996,
uraufgeführt: 11/96, Kalkscheune

Notizen eines Arbeitslosen: Mai 1993,
uraufgeführt: 5/93, Café Paz

Stadtführer: Mai 1996,
uraufgeführt: 4/96, bei der ersten Aufführung noch ohne Text, Café Paz

Urlaub im Wedding: August 1997,
uraufgeführt: 8/97, Schlot, unter dem Titel »Deshalb Urlaub!«, enthält
zwei Absätze aus »Happy kitchen«, 10/93

Wie funktioniert eigentlich die Welt der Mode: Januar 1995,
uraufgeführt: 1/95, Café Paz,
grundlegend überarbeitet und stark gekürzt für dieses Buch

Wohnungseinrichtung: Juni 1996,
uraufgeführt: 6/96, Café Paz,
neuer Schluß: 11/96 Kalkscheune

Zettelwirtschaft: Mai 1992,
uraufgeführt: 5/92, als Teil des Textes »Geschäftsidee«, Café Paz

Zu spät: Januar 1994,
uraufgeführt: 1/94, als Teil des Textes »Sozialer Abstieg«, Café Paz

Register

Einbeinige Jungs mit Tretrollern

Alltägliches Pech

»Einbeinige Jungs mit Tretrollern ... Alltägliches Pech«, so der Projektname und Titel der vorgestellten CD, könnte auch der Titel einer der Geschichten von Horst Evers sein, der musikalisch begleitet wird von Michael Lösel und Heinrich Filsner.

Der Comedy-Vortrag von Horst Evers wird musikalisch unterlegt und wechselt mit Nummern von Michael Lösel und Heinrich Filsner, die regelrechte Filmmusik zu Evers Slapstick- und Kabarettszenen spielen..

Verwirklicht wurde die CD in folgender Besetzung:
Horst Evers: Stimme
Michael Lösel: Gitarre, Gesang
Heinrich Filsner: Kontrabaß, Tuba, Kaffeemaschine
sowie den Gastmusikern Klaus Brandl und Yogo Pausch

Die CD ist erhältlich in der Kalkscheune, beim Fahner Verlag, über BTM oder bei den einbeinigen Jungs:
Horst Evers: Wrangelstr. 63, 13353 Berlin, Fon/Fax: 030 / 618 23 55
Michael Lösel: Ahlbecker Str. 11, 10437 Berlin, Fon 030 / 446 507-72, Fax -73
Parkstr. 8, 90409 Nürnberg, Fon: 0911 / 35 59 16
Heinrich Filsner: Gustavstr. 44, 90762 Fürth, Fon: 0911 / 77 02 01

Bestellnummer: BTM 97-004

Lesen Sie weiter in den FALTUNGEN

Touren

Talking Acts
Mit Erzählungen, Lyrik und Comedy von Horst Evers, Klaus Händl, Harry Coltello, Bert Papenfuß, Günter Ohnemus, Andreas Scheffler u.a.

Männermond

Theaterstück in 24 Bildern von Dieter Diehnelt. Mit Szenenfotos von Heike Kraus-Rubein von der An-Spielung in der Kalkscheune, Berlin

Wedding

von Horst Evers.
37 kuriose Geschichten über einen Stadtteil, der sich in irgendeiner größeren Stadt befinden könnte; eine Liebeserklärung an Käfer und Mitmenschen.

Tools

Werkzeuge + Material der Zeichensetzung von Michael Lösel und Rüdiger Keuth. Eine skurrile und unterhaltsame Sammlung zur Kultur des literarischen Schreibens. (i.V.)

Und - sonst geht's gut?

40 Geschichten von Andreas Scheffler über den Wahnwitz des Alltags. Die humoristische Phantasie kennt kein Pardon. Selbst in einem kleinen Lapsus kann der Kern zu einer Katastrophe stecken.

Die Tonträger der *AgenTour*

Einbeinige Jungs mit Tretrollern ... alltägliches Pech

Horst Evers spricht Texte, begleitet von Michael Lösel (Gitarre, Gesang) und Heinrich Filsner (Kontrabaß, Tuba). Gastmusiker sind Yogo Pausch (Schlagzeug) und Klaus Brandl (Slide Guitar). **CD**

Möbus, Scheffler, Papenfuß - lebendig im »Gelben Löwen« in Fürth

Live-Mitschnitt der Veranstaltung vom 9. Mai 1997. Frank Möbus spielt Jazzgitarre, Andreas Scheffler liest hintersinnige Prosa und Bert Papenfuß trifft mit messerscharfer Lyrik. **MC**

Männermond - Eine An-Spielung von Dieter Diehnelt

Live-Mitschnitt von 9 Szenen, vom 26. Juni 1997 in der Kalkscheune, Berlin. Mit Yogo Pausch (Schlagzeug, Percussion) der Schauspielerin Marina Schütz und dem Schauspieler Jürg Wisbach. **MC**

- endet hier -